livro

ANA ELISA RIBEIRO

livro

Edição e tecnologias no século XXI

© Ana Elisa Ribeiro . © Contafios . © Moinhos

Edição: Camila Araujo, Nathan Matos e Pablo Guimarães
Capa: Luís Otávio

COLEÇÃO PENSAR EDIÇÃO
Coordenação
Ana Elisa Ribeiro, Nathan Matos e Pablo Guimarães

Conselho Editorial
José de Souza Muniz Jr. (CEFET-MG)
Luciana Salazar Salgado (UFSCar)
Luís Alberto Brandão (UFMG)
Márcio Gonçalves (UERJ)
Marília Barcellos (UFSM)
Paula Renata Melo Moreira (CEFET-MG)
Sergio Karam

R484l   Ribeiro, Ana Elisa
        Livro: edição e tecnologia no século XXI / Ana Elisa Ribeiro. - Belo Horizonte, MG: Moinhos; Contafios, 2018.
        164 p. : il. ; 14cm x 21cm. – (Pensar Edição)

        ISBN: 978-85-45557-55-5 (Moinhos)
        ISBN: 978-85-906597-0-9 (Contafios)

        1. Edição. 2. Livro. 3. Leitura. 4. Produção editorial. 5. Editoração. I. Título. II. Série.
                                     CDD 070.5
                                         CDU 070.4

Elaborado por Vagner Rodolfo da Silva - CRB-8/9410
Índice para catálogo sistemático:
Editoração 070.5
Editoração 070.4

Todos os direitos desta edição reservados à

Editora Contafios   Editora Moinhos
contato@editoracontafios.com.br   contato@editoramoinhos.com.br

Agradeço a generosidade de José Luis de Diego.
Dedico a Sérgio Karam, por todos os interesses compartilhados.

O livro é muitas coisas. Um receptáculo da memória, um meio para superar as limitantes do tempo e do espaço, um lugar para a reflexão e a criatividade, um arquivo de nossa experiência e da dos outros, uma fonte de iluminação, de felicidade e, em certas ocasiões, de consolo, uma crônica de eventos passados, presentes e futuros, um espelho, um companheiro, um mestre, uma convocação dos mortos, um divertimento; um livro, em suas muitas encarnações, da tabuleta de argila à página eletrônica, tem servido, por muito tempo, como uma metáfora de muitos de nossos conceitos e empresas essenciais.

Alberto Manguel
El viajero, la torre y la larva, El lector como metáfora
(trad. do trecho Ana Elisa Ribeiro)

Sumário

Apresentação, 11

1. Questões provisórias sobre literatura e tecnologia: um diálogo com Roger Chartier, 15

2. Autor, editor e livro literário: cenas contemporâneas das tecnologias do livro, 41

3. Ler na tela: o que é, hoje, um livro?, 59

4. O que é e o que não é um livro: materialidades e processos editoriais, 75

5. O bibliógrafo digital: questões sobre a materialidade do livro no século XXI, 91

6. Literatura contemporânea brasileira, prêmios literários e livros digitais: um panorama em movimento, 107

7. Redes de edição e redes sociais: cruzamentos e questões, 137

Nota, 163

Apresentação

Ana Elisa Ribeiro

A edição é um saber e uma prática há séculos, talvez milênios, mas titubeia como campo de formação profissional e de pesquisa, ressentindo-se ainda, como disse em entrevista o professor argentino Jose Luis de Diego, de debilidade institucional. Na verdade, muitos pesquisam algo no campo da edição, mas não têm completa noção disso ou precisam se encaixar, institucionalmente, em outro campo, mais reconhecido, legitimado e estabelecido. Foi esse meu caso em muitos trabalhos e continuará sendo, embora seja cada vez mais possível estudar, pesquisar e formar-se em edição, sem maiores problemas ou sem necessidade de ajustes, adaptações e distorções.

É no sentido de explicitar a edição como campo de pesquisa que venho trabalhando, há vários anos. Uma hora encontro espaço na Comunicação Social, outra hora na História – grande parte dos nossos pesquisadores mais conhecidos vem da história cultural, outra ainda da Sociologia, ainda outra das Letras, mais especificamente da Literatura. E há uma dificuldade em estabelecer um olhar de Edição, sem a interveniência necessária de algum desses campos mencionados. Isso não é desprezar nenhum deles, fique claro, mas é dizer que há um modo específico de considerar, mirar, pesquisar e compreender a edição, inclusive em diálogo com eles, um diálogo mais simétrico, no caso.

Tenho preferido pensar a edição na área de Letras, já que tenho formação consistente aí, mas também tenho preferido considerar que a Edição seja mais uma subdivisão da área, e não um campo menor dentro da Literatura, por exemplo, uma vez que as materialidades do editado importam, muita vez, mais que a própria literatura, segundo o ângulo que se tome. Questões como o design do livro, sua venda, sua circulação, suas etapas de produção e outras até que não toquem exatamente o livro (mas o jornal, a revista, o vídeo, etc.) podem ser minimizadas quando dentro de um campo estabelecido, com seu modo de mirar o objeto que raramente quer jogar luz sobre a materialidade.

É possível estudar edição e selecionar, como fundamentação teórica, um construto da Antropologia, da Sociologia (como comumente se faz, com Pierre Bourdieu, por exemplo), da História (Darnton e Chartier, para mencionar apenas dois dos mais recentes), da Teoria Literária, da Análise do Discurso, etc. Mas é possível fazer isso tomando de empréstimo as teorias, sem sair de um ângulo que, a rigor, não é nenhuma dessas áreas. É, sim, a Edição.

Em alguns poucos programas de pós-graduação brasileiros, é possível aprovar um projeto de pesquisa em edição, mas dentro de um programa em Literatura. Isso pode servir aos que entendem edição e livro como sinônimos de literatura ou aos que se esquecem de que livros podem conter uma infinidade de outros gêneros, textos, conteúdos, tão ou mais importantes e relevantes para a Edição do que a literatura, se consideramos a necessidade de estudarmos processos de criação, inclusive em design, ou circulação e consumo. Um livro pode ser visto de outros ângulos e passar ao longe da questão propriamente literária que pesa sobre ele. Isso chegará a ser reconhecido, é claro, mas estará explicitamente fora do foco, para a ocasião. Ou de outro ponto de vista: é comum que a literatura não seja feita e circule em livros. Outros modos de editar portanto, e não apenas o que se consagra, podem ser objeto de investigação.

Pensando em eventos, como congressos e seminários, é raro encontrar, no Brasil, oportunidades de discussão de aspectos variados da edição. Há poucos eventos especializados e algum espaço dentro de eventos de tema mais amplo. O que ocorre é que, geralmente, só é possível conquistar o espaço de um simpósio ou grupo de trabalho sobre edição em um evento de Literatura. Esse simpósio ou GT estará, portanto, subordinado aos estudos literários, o que pode não ser o caso dos trabalhos submetidos ou, pior, o que pode afastar os trabalhos de pesquisadores que não se identificam com o objeto literário. Na Linguística isso é ainda mais acentuado, restando pouquíssimos espaços de discussão de aspectos discursivos ou gramaticais implicados na edição.

É preciso fazer que a edição como campo de estudos, de formação e de pesquisa salte aos olhos, explicite-se, abra espaço ao lado dos campos mais estabelecidos da Linguística e da Literatura, para mencionar os dois eixos mais fundamentais da formação em Letras, a despeito de as formações e profissões da edição estarem explicitadas em documentos oficiais da área de Letras há décadas. É preciso pesquisar e se formar em edição, aprendendo a mirar objetos e problemas, inclusive repensando metodologias, para um campo configurado, evitando que ele seja sempre menor, tangencial ou marginal. É nesse sentido que reúno os trabalhos que aqui estão e que pretendem focalizar aspectos mais francamente que tocam as reflexões da produção editorial, das redes do livro e de outros objetos da leitura, sempre em diálogo com outros campos do saber, do lugar do pesquisador da edição, e não algum outro que pareça fazer a ela o favor de abrigá-la. Não é favor.

1. Questões provisórias sobre literatura e tecnologia: um diálogo com Roger Chartier

Quero começar com José Saramago, na afirmação do protagonista da *História do Cerco de Lisboa*, edição brasileira de 1989, que me custou prosseguir na leitura, já que cada parágrafo exigia-me renovada reflexão:

> Agora me ocorre que tanto o Eça como o Balzac se sentiriam os mais felizes dos homens, nos tempos de hoje, diante de um computador, interpolando, transpondo, recorrendo linhas, trocando capítulos, E nós, leitores, nunca saberíamos por que caminhos eles andaram e se perderam antes de alcançarem a definitiva forma, se existe tal coisa. (SARAMAGO, 1989, p. 13)

O trecho, que surgia logo nas primeiras páginas do calhamaço que tem como protagonista um revisor de textos, foi capaz de me deter até a atualidade (e foi lido muitos anos atrás). Nessas linhas, Saramago consegue fazer confluírem questões relacionadas à produção editorial contemporânea, mais especificamente no campo literário, aventando possibilidades, no entanto improváveis – por citar autores mortos –, ligadas aos modos de escrever, em sua face mais íntima e mais particularmente técnica. Está em foco o momento do escritor, isto é, seus modos de produzir textos, seu equipamento e suas artimanhas de edição (escrita, reescrita, revisão, interpolações, transposições e recorrências). Ainda: a maneira como o escritor maneja o texto na composição de uma peça literária.

Do ponto de vista de quem produz o texto, sem deixar de antes ter sido leitor de outros, a grande e suposta felicidade seria poder manipular com mais facilidade as frases, os parágrafos e as palavras, inclusive tornando difícil, se não impossível, a revelação posterior desses caminhos de edição textual, onde o autor também se encontra e se perde (e não apenas o leitor). Não se sabe se a tal felicidade seria, então, obter um equipamento que propiciasse o manejo mais fluido do texto ou que permitisse o resguardo dos segredos da produção. É importante, no entanto, lembrar que quem diz isso é um protagonista revisor de textos, isto é, uma figura que atua sobre o texto do autor, sem sê-lo, ou ao menos sem obter os créditos de coautor[1].

No entanto, não resta esquecido o leitor. Embora, como supõe o narrador do *Cerco*, Balzac ou Eça pudessem gostar de editar nos editores de texto eletrônicos, ao modo dos escritores de hoje, em massa, não poderiam, talvez, registrar seus avanços e recuos na escrita de suas obras. Eis uma questão que incomoda a crítica genética, que tratou, de maneira valiosa, das origens e metamorfoses do texto literário com base em, por exemplo, originais rasurados, rabiscados e reescritos, pelo próprio autor, principalmente. Tal registro provavelmente terá sido apagado dos livros atuais, exceto para o caso de algum autor de antemão preocupado com a escavação de sua própria história.

Também não ficou esquecido o texto, em sua inalcançável "definitiva forma". "Se existe tal coisa" é a expressão modalizadora necessária quando se considera, adequadamente, que dificilmente um escritor fica satisfeito com sua produção, ao ponto de chamá-la "pronta", sem alguma sombra de dúvida, e, de outro lado, todo leitor lerá de modo criativo e preenchedor uma obra literária, quanto mais leitor for.

---

[1] Luciana Salazar Salgado tem se dedicado a uma discussão mais contemporânea sobre a autoria, inclusive do ponto de vista da revisão textual. Ver, por exemplo, Salgado (2011; 2013). É provável que se tenha de passar pelas discussões sobre autoria mais conhecidas entre nossas referências, tais como Foucault e Barthes, nos quais não me deterei aqui. (ver FOUCAULT, 2002; BARTHES, 1984)

Se não existe o texto "pronto", pode-se, talvez, falar no texto "final", colocando-se como critério preponderante dessa adjetivação uma data, um prazo, um *deadline* que faça o escritor parar de escrever, não necessariamente quando considera ter escrito tudo o que queria ou como gostaria. Ao leitor, caberá ler talvez numa espécie de "coautoria", como defendem alguns[2]. A meu ver, cabe pensar em um diálogo no encontro entre texto e leitor, muita vez à revelia do autor, que fez, no entanto, sua proposta, não podendo ser desconsiderado nessa "fusão"[3] – em especial, no caso da literatura.

É este mesmo historiador que vem afirmar, dando ênfase à atividade da leitura, que,

> das análises que acompanham a atividade leitora em seus rodeios, percursos através da página, metamorfoses e anamorfoses do texto pelo olho que viaja, vôos imaginários ou meditativos a partir de algumas palavras, transposições de espaços sobre as superfícies militarmente dispostas do escrito, danças efêmeras, depreende-se ao menos em um primeiro enfoque que não se poderia conservar a rígida separação da leitura e do texto legível (livro, imagem, etc.). Quer se trate do jornal ou de Proust, o texto só tem sentido graças a seus leitores; muda com eles; ordena-se conforme códigos de percepção que lhe escapam. (CERTEAU, 2008, p. 266)[4]

Neste trabalho, levando-se em consideração a escrita literária desde sua origem, nas mãos do escritor, até sua misteriosa circulação – por meio de livros ou não, pretende-se abordar, como sói ser, de maneira não conclusiva, a relação entre tecnologias digitais e leitura, mais aproximadamente a literária, mas do ponto de vista da produção editorial, isto é, não vou aqui tratar de aspectos

---

[2] Talvez se localize aqui a proposta de "lautor", bem escrita por Bellei (2005).
[3] Na expressão de Michel de Certeau (2008).
[4] Manteremos a ortografia vigente à época das publicações citadas.

cognitivos ou de valor literário, propriamente, mas de questões que podem fazer pensar a produção editorial no campo literário, na contemporaneidade, em um cenário em que as tecnologias digitais de ler e escrever já podem ser consideradas incorporadas pela sociedade, mesmo que ainda haja problemas relacionados à alfabetização, à educação, ao letramento literário e até ao acesso e à conectividade tecnológica.

A discussão posta partirá de um intenso diálogo com a história das práticas da leitura, especialmente em Roger Chartier, mas também em outros autores. O historiador francês tem diversas obras traduzidas ao português, no Brasil, motivo pelo qual tem influenciado muito um modo de pensar o livro e sua circulação, entre os interessados nos estudos da edição e da produção editorial. Penso ser fundamental rever certas propostas de Chartier à luz do que vem acontecendo muito contemporaneamente, em uma tentativa de organizar argumentos esparsos em livros de sua autoria e discutir questões levantadas, à luz de alguns exemplos no Brasil, especialmente o de pequenas editoras e produções editoriais.

Da leitura e da tecnologia, com Roger Chartier

Uma pergunta, formulada por Roger Chartier, talvez me guie no empreendimento deste texto: "Como pensar a leitura diante de uma oferta textual que a técnica eletrônica multiplica mais ainda do que a invenção da imprensa?" (CHARTIER, 2002, p. 21). Essa formulação, datada, tem como eixo a comparação entre tecnologias de impressão e difusão muito distantes no tempo e no espaço, tais como a prensa tipográfica e o computador. A questão posta focaliza a "oferta textual" muito ampliada que temos hoje, mas que a sociedade da Idade Média também teve a impressão de conhecer. Parece haver qualquer incongruência ou assimetria incômoda entre as questões de leitura e de circulação de textos[5].

---

[5] Talvez seja interessante lembrar que enquanto a prensa era, sim, um equipamento dedicado à impressão (de folhetos, libelos, livros, livretos, etc.), o

Quanto à "oferta textual", conforme o tom da pergunta e a quantidade de pensadores preocupados com ela, parece um problema que haja textos demais no mundo – ou leitores de menos. *Livros demais*, como exclamou Gabriel Zaid (2004), como uma enxurrada de produtos que se perdem em um tortuoso caminho entre a edição e a leitura. Mais textos do que leitores? Leitores precários[6]? Leitura rarefeita[7]? Mas como compreender a profusão dos textos na internet, nas redes sociais e mesmo entre as pessoas, em seu cotidiano? Que discurso – negativo – sustenta a ideia de que quase não lemos (especialmente no Brasil)[8]? Que outro discurso pode explicar a quantidade de livros lançados a todo momento, inclusive por editoras pequenas, que produzem materiais que nada ficam a dever aos grandes grupos multinacionais[9]?

Chartier ainda reivindica para a História um olhar mais "sensato", defendendo uma posição de equilíbrio sobre os objetos que aqui nos interessam, quais sejam: a leitura e a circulação dos textos. Segundo ele, "Entre as lamentações nostálgicas e os entusiasmos ingênuos suscitados pelas novas tecnologias, a perspectiva histórica pode traçar um caminho mais sensato, por ser mais bem informado" (CHARTIER, 2002, p. 9). Uma pequena lista do que o historiador chama de "principais mutações que a entrada na era do texto e do mundo digitais impõe às relações que mantemos com a cultura escrita" pode ser, então, composta: a) transformações das práticas de leitura; b) novas modalidades de

---

computador (e seus periféricos) não é, mas apenas *pode ser*. O que também ocorre aos materiais de ler, como o próprio livro e alguns dispositivos móveis eletrônicos atuais, com telas de todo tipo.

[6] Do título do livro de Bahloul (2002), *Lecturas precarias*.

[7] Do título do livro de Lajolo e Zilberman, Regina (2002), *A leitura rarefeita*.

[8] Ver, por exemplo, para uma ampla discussão, com dados sobre isso, Abreu (2000).

[9] Venho trabalhando no registro dessas iniciativas: Ribeiro (2009; 2013; 2013a; no prelo) e Ribeiro; Araújo (2014). Araújo (2013) tem um trabalho primoroso sobre pequenas editoras.

publicação; e c) redefinição da identidade e da propriedade das obras (CHARTIER, 2002, p. 7).

No mesmo título, Chartier elenca três rupturas na "ordem do discurso", causadas pelo "mundo eletrônico", representado pelo computador: a) propõe uma nova técnica de difusão da escrita; b) incita uma nova relação com os textos; e c) impõe-lhes uma nova forma de inscrição (CHARTIER, 2002, p. 23-24).

Em uma proclamação um tanto radical, o historiador afirma que

> a originalidade e a importância da revolução digital apóiam-se no fato de obrigar o leitor contemporâneo a abandonar todas as heranças que o plasmaram, já que o mundo eletrônico não mais utiliza a imprensa, ignora o "livro unitário" e está alheio à materialidade do códex. (CHARTIER, 2002, p. 23-24)

O que qualifiquei como "exagero" diz respeito a uma pretensa obrigatoriedade que, de fato, não existe (ainda?). O referido "abandono" das heranças da cultura escrita ainda não ocorreu, nem mesmo como elemento estético de muitas páginas web, simulacros de páginas de papel. Muito embora o leitor de telas possa estar, naquele momento, alheio à imprensa como técnica de produção, assim como ao livro unitário ou à materialidade de papel (pois está em contato com uma outra, também retangular), ele, por enquanto, transita entre elas, não sendo necessariamente obrigado a escolher. Insisto, portanto, no caráter múltiplo das práticas de leitura atuais, ainda muito herdeiras das práticas do impresso e, talvez, sempre assim. Os números atuais sobre produção e consumo de e-books, por exemplo, no Brasil, ainda não permitem considerar esta uma questão de substituição, obrigatoriedade ou "abandono" de heranças do impresso[10].

---

[10] Em debate recente, no Festival Literário de Araxá (FliAraxá), Minas Gerais, Fábio Cesnik, da CesnikQuintino&Salinas Advogados, divulgava números

De novo, seriam, para Chartier, três revoluções: a) da modalidade técnica da produção do escrito; b) da percepção das entidades textuais; c) das estruturas e formas mais fundamentais dos suportes da cultura escrita (CHARTIER, 2002, p. 24)

A insistência nessas mudanças aparece, antes, na obra de 1998, em que o historiador afirma que "A revolução do nosso presente é mais importante do que a de Gutenberg", uma vez que "Ela não somente modifica a técnica de reprodução do texto, mas também as estruturas e as próprias formas do suporte que o comunica aos seus leitores" (CHARTIER, 1998, p. 98). Mais adiante, ele afirma que, "com a tela, *substituta* do códex, a transformação é mais radical, pois são os modos de organização, de estruturação, de consulta ao suporte do escrito que se modificam" (CHARTIER, 1998, p. 98, grifo nosso). A despeito de haver mesmo uma profunda diferença estrutural (mais ligada a modos de produção e de circulação, e nem tanto estética e de organização) entre produtos editoriais impressos e digitais, a *substituição* do códex pela tela não chega a ser sequer uma vaga ameaça.

As mudanças percebidas são, no entanto, relativizadas por afirmações que tocam em pontos importantes, afinal, "as telas do presente não ignoram a cultura escrita, mas a transmitem" (CHARTIER, 2002, p. 30). Como venho alertando[11], a "cultura digital" não está em oposição com a "cultura escrita". Isso tem mais a ver com fusões e sobreposições transparentes do que com concorrências. Talvez, a "cultura impressa", sim, esteja sendo "incomodada" pela "cultura digital", mas muito mais em um sentido de interinfluência do que, propriamente, de exclusividade. Em outra formulação de Chartier (2002, p. 8), "as novas técnicas

---

recentes da indústria editorial digital. As informações indicam ainda um consumo muito baixo de livros eletrônicos entre os brasileiros. (CESNIK, 2015).

[11] Como fiz em Ribeiro (2013b), republicado no livro *Escrever, hoje* (São Paulo: Parábola Editorial, 2018).

não apagam nem brutal nem totalmente os antigos usos", isto é, "a era do texto eletrônico será ainda, e certamente por muito tempo, uma era do manuscrito e do impresso".

A patente dificuldade da indústria editorial em criar produtos genuinamente digitais análogos a livros tem forte relação com uma dificuldade de abandonar modelos impressos de leitura. Já a indústria do impresso estuda formas simpáticas à estética do digital como forma de mudar seus produtos[12]. Assim:

> São ainda grandes as defasagens entre a presença da revolução eletrônica nos discursos (inclusive neste...) e a realidade das práticas de leituras que permanecem maciçamente ligadas aos objetos impressos e só exploram muito parcialmente as possibilidades oferecidas pelo digital. Devemos ser bastante lúcidos para não tomarmos o virtual por um real já presente. (CHARTIER, 2002, p. 113)

Segundo Chartier (2002, p. 116), em outras palavras, as práticas atuais de edição "muitas vezes se contentam em pôr na Web os textos brutos que não foram nem pensados, em relação à nova forma de suas transmissões, nem submetidos a nenhum trabalho de correção ou de edição". Penso que seja o caso mais visualizável do jornalismo, por exemplo, que vem se esforçando para criar produtos que melhor se apropriem de novas possibilidades de escrita e de leitura.

Novamente, Chartier lembra que

> a longa história da leitura mostra com firmeza que as mutações na ordem das práticas são geralmente mais lentas do que as revoluções das técnicas e sempre em defasagem em relação a elas. Da invenção da imprensa não decorreram imediatamente novas maneiras de ler. Do mesmo modo, as categorias intelectuais que associamos

---

[12] Há uma discussão sobre o tema, com exemplos, em Albarrán e Ribeiro (2013).

ao mundo dos textos perdurarão diante das novas formas do livro. (CHARTIER, 2002, p. 112)

E vem a formulação de mais uma trinca sobre a "revolução do texto eletrônico": a) na técnica de produção dos textos; b) do suporte do escrito; c) das práticas de leitura (CHARTIER, 2002, p. 113).

Fala-se, então, de um circuito em que estão envolvidos novos modos de produção, disseminação e apropriação dos textos, ou seja, novas maneiras de escrever, de publicar e de ler.

Para o autor, "É agora um único aparelho, o computador, que faz surgir diante do leitor os diversos tipos de textos tradicionalmente distribuídos entre objetos diferentes" (2002, p. 22-23), o que alteraria o ordenamento que então conhecemos na cultura impressa. Alteraria e confundiria, em alguma medida, já que

> Todos os textos, sejam eles de qualquer gênero, são lidos em um mesmo suporte (a tela do computador) e nas formas (geralmente as que são decididas pelo leitor). Cria-se assim uma continuidade que não mais diferencia os diversos discursos a partir de sua própria materialidade. (CHARTIER, 2002, p. 22-23)

A leitura parece sempre entendida em suas relações com a tecnologia e como prática social, nos textos de Chartier. E se esse enquadramento não é abandonado, ele justifica uma visão do ato de ler como sempre móvel e efêmero ou transitório e criativo. É assim que Chartier (1998, p. 7) afirma: "a leitura é, por definição, rebelde e vadia", em uma formulação quase literária.

Na mesma obra, o autor explicita que "A revolução do texto eletrônico será ela também uma revolução da leitura" (1998, p. 101). Para ele, a representação eletrônica dos textos traz uma série inescapável de mudanças que precisam ser percebidas e consideradas:

> ela substitui a materialidade do livro pela imaterialidade de textos sem lugar específico; às relações de contigüidade estabelecidas no objeto impresso ela opõe a livre composição de fragmentos indefinidamente manipuláveis; à captura imediata da totalidade da obra, tornada visível pelo objeto que a contém, ela faz suceder a navegação de longo curso entre arquipélagos textuais sem margens nem limites. Essas mutações comandam, inevitavelmente, imperativamente, novas maneiras de ler, novas relações com a escrita, novas técnicas intelectuais. Se as revoluções da leitura precedentes fizeram-se sem mudar as estruturas fundamentais do livro, não é isso que irá acontecer em nosso mundo contemporâneo. A revolução iniciada é, antes de tudo, uma revolução dos suportes e formas que transmitem o escrito. Nisso, ela tem um único precedente no mundo ocidental: a substituição do *volumen* pelo códex – do livro em forma de rolo pelo livro composto por cadernos reunidos –, nos primeiros séculos da era cristã. (CHARTIER, 1998, p. 101)

Considera, no entanto, muito aproximado dos textos literários, que

> As obras – mesmo as maiores, ou, sobretudo, as maiores – não têm sentido estático, universal, fixo. Elas estão investidas de significações plurais e móveis, que se constroem no encontro de uma proposição com uma recepção. Os sentidos atribuídos às suas formas e aos seus motivos dependem das competências ou das expectativas dos diferentes públicos que delas se apropriam. (CHARTIER, 1998, p. 9)

No entanto, talvez a tese mais importante de Chartier seja a que vai formulada em seu livro de 1998 e tem sido reiterada em diversos outros, com menos ou mais palavras. Do ponto de vista da leitura e de suas práticas (incluindo aspectos cognitivos e gestos), este parece o cerne da questão que nos anima e nos faz viver, com tanta fascinação, este momento de movimentação na cultura escrita:

> deve-se lembrar que não há texto fora do suporte que o dá a ler (ou a ouvir), e sublinhar o fato de que não existe a compreensão de um texto, qualquer que ele seja, que não dependa das formas através das quais ele atinge o seu leitor. Daí a distinção necessária entre dois conjuntos de dispositivos: os que destacam estratégias textuais e intenções do autor, e os que resultam de decisões de editores ou de limitações impostas por oficinas impressoras. (CHARTIER, 1998, p. 17)

Ou:

> Os textos não existem fora dos suportes materiais (sejam eles quais forem) de que são os veículos. Contra a abstração dos textos, é preciso lembrar que as formas que permitem sua leitura, sua audição ou sua visão participam profundamente da construção de seus significados. O "mesmo" texto, fixado em letras, não é o "mesmo" caso mudem os dispositivos de sua escrita e de sua comunicação. (CHARTIER, 2002, p. 61-62)

A forte relação, defendida pelo autor, entre forma e produção de sentidos (leitura) parece ainda pouco considerada em abordagens exclusivamente linguísticas ou literárias que promovem o que se chamou aqui de "abstração dos textos", isto é, tratar a obra despida de seus elementos materiais[13].

Para tornar tudo ainda mais complexo, Chartier afirma, em tom de alerta, sobre essa espécie de "transfusão" ou "transposição"[14]. Segundo o autor,

---

[13] Há um interessante texto sobre isso em Van Leeuwen (2004).
[14] Como discuti em Ribeiro (2009).

> a possível transferência do patrimônio escrito de um suporte ao outro, do códex para a tela, inaugura imensas possibilidades, mas será também uma violência contra os textos, assim separados de formas que contribuíram para construir as suas significações históricas. Supondo que, num futuro mais ou menos próximo, as obras de nossa tradição não sejam mais comunicadas ou decifradas a não ser através de uma representação eletrônica, será grande o risco de ver perdida a inteligibilidade de uma cultura textual ou um antigo elo, essencial, a ligar o próprio conceito de texto a uma forma particular de livro: o códex. (CHARTIER, 1998, p. 105-106)

A "violência" é, portanto, dar a ler textos descuidadamente transpostos de um meio a outro, algo que já ocorre, em muitos casos. Por outro lado, é necessário experimentar, convocar os textos a serem retextualizados (como foram o teatro e a literatura ao cinema, por exemplo), até que se produzam, de fato, textos feitos genuinamente para ambientes digitais, isto é, com as possibilidades digitais em seu DNA.

É fundamental lembrar, com Chartier, que as tecnologias digitais ampliam as possibilidades de multissemiose.

> O hipertexto e a hiperleitura que ele permite e produz transformam as relações possíveis entre as imagens, os sons e os textos associados de maneira não-linear, mediante conexões eletrônicas, assim como as ligações realizadas entre os textos fluidos em seus contornos e em número virtualmente ilimitado. Nesse mundo textual sem fronteiras, a noção essencial torna-se a do *elo* pensado como a operação que relaciona as unidades textuais recortadas para a leitura. (CHARTIER, 2001, p. 108-109)

Nas telas, texto, imagem, som, movimento podem ser orquestrados na composição de uma peça, em muitos gêneros textuais. Há, portanto, a consideração de uma diferença nas modulações do texto na tela e no impresso que provocam novos modos de ler ou, ao menos, modos diferentes, como prefiro pensar. Se as modulações do impresso permitem e propiciam a orquestração de algumas linguagens (visual e verbal, em sua diversidade), as modulações dos textos em ambientes digitais são outras, além de texto e imagem, permitindo som, imagem em movimento, etc. Essa seria, então, uma nova forma de ler, considerando-se o livro feito, por exemplo, para a leitura em tablets ou e-readers.

Essa breve revisão de alguns textos de Roger Chartier quer apresentar um diálogo sobre questões da leitura e da circulação dos textos, nos dias que correm, já mais de década depois das considerações que o historiador teceu, muito oportunamente.

Organizando as tríplices propostas para uma quase conclusão

Conforme apontei, Chartier (1998; 2001; 2002, e pelo menos nessas obras) defende algumas teses sobre a leitura e a circulação de livros, tocando sempre em questões tecnológicas, isto é, ligadas às mídias e às materialidades disponíveis para a inscrição dos textos. Com isso, o historiador propõe trincas de elementos que, para ele, resumem tipos de revoluções na história da escrita e da leitura, mais proximamente esta que vivemos hoje e que já ocorre pelo menos desde a invenção do computador, em meados do século XX.

Atrevo-me a reorganizar as propostas tríplices de Chartier, esquematizando a seguinte proposta de visualização, que funda ou agrupe critérios ou temas. Segundo o autor, estamos em contato com: a) mudanças na cultura escrita provocadas pela chegada de mídias digitais; e b) rupturas com a cultura do impresso em decorrência da existência do que ele chama de "texto eletrônico". Isso acarreta mudanças na leitura, nos modos de publicação, nas formas dos objetos de ler e na circulação desses objetos (o que nos traz de volta à leitura), isto é, há intensa movimentação em todo o cenário em que é fundamental considerar-se um sistema, um ciclo.

Veja-se então o diagrama proposto e, em seguida, alguns comentários com base nos quais viso a complementar alguns pontos dessa discussão, incluindo-se a escolha de alguns termos, como *movimento, mudança* e *transição*:

Fig. 1. Movimentos atuais da cultura escrita, segundo Roger Chartier.

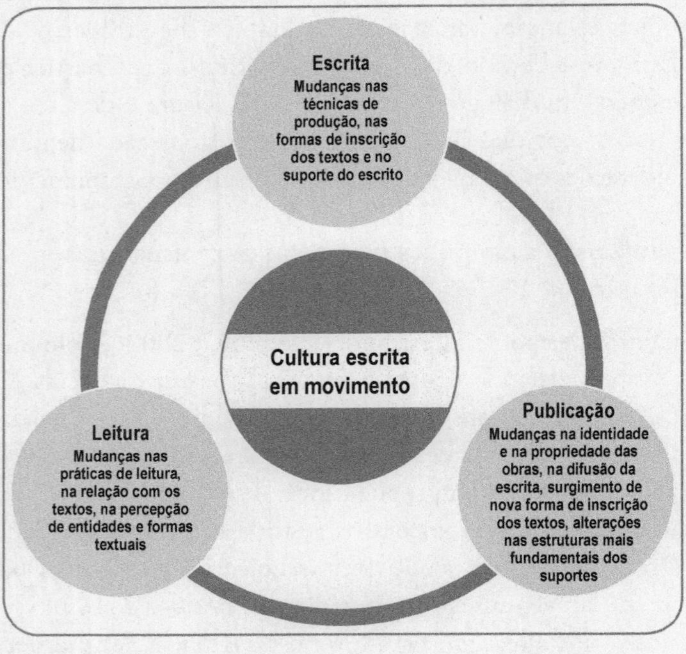

[Diagrama com três círculos em torno de "Cultura escrita em movimento":
- **Escrita**: Mudanças nas técnicas de produção, nas formas de inscrição dos textos e no suporte do escrito
- **Leitura**: Mudanças nas práticas de leitura, na relação com os textos, na percepção de entidades e formas textuais
- **Publicação**: Mudanças na identidade e na propriedade das obras, na difusão da escrita, surgimento de nova forma de inscrição dos textos, alterações nas estruturas mais fundamentais dos suportes]

Fonte: Chartier (2002).
Elaborado pela autora.

Das razões pelas quais quero evitar os termos transição *ou* mudança

Vou escolher o termo *movimento* para fazer as relações que penso serem mais adequadas e sensatas entre as culturas impressa e digital, no âmbito da cultura escrita. *Movimento* me dá, então, uma noção que considero mais interessante do que outras, já que não traz, necessariamente, um sentido de progressão (avanço/recuo, frente/trás, vantagem/desvantagem, maior/menor, evolução/

involução, etc.). Melhor: creio trazer certa noção de atividade e de interação que interessa mais à análise do campo da edição e de sua história (é, afinal, do que tratamos quando falamos em leitura e escrita). O *movimento* traz, afinal, a noção de "coisa viva" e respirante que, de fato, a edição é, já que está ligada às nossas mais duradouras práticas sociais.

O diagrama proposto linhas antes buscou representar essa noção. É fundamental que se construa uma representação das questões da edição, da leitura e da tecnologia como relações que se retroalimentam. Um novo suporte de leitura traz propostas de movimento para o próprio ato de ler; os movimentos do leitor ao ler propõem algo aos processos de edição, já que uns aprendem com os outros, isto é, as práticas da leitura dizem aos editores como melhor formatar projetos. Se isso já ocorria em tempos remotos, hoje ocorre com mais rapidez.

Transição e *mudança*, sim, podem carregar a ideia de que algo passa de um estágio a outro, acarretando o sentido, que considero errôneo, de substituição, que é, afinal, a discussão improfícua que temos há décadas (o fim disto e daquilo, ideias evolutivas sobre mídias, etc.). Como sempre preferi um paradigma sistêmico, ecológico, evito termos que possam sustentar uma compreensão evolutiva ou concorrente entre as culturas do escrito. Admito, no entanto, que talvez possa ter incorrido no que considero equívoco, em textos passados, mas terei tentado não incorrer.

É importante reiterar que Chartier nos lembra que o códex substituiu o rolo (embora levasse tempo para fazê-lo), o que considera maior revolução (nas formas e tecnologias do livro) do que a invenção da prensa. No entanto, as tecnologias digitais vêm, para ele, promovendo revolução de força semelhante àquela, já que, de novo, há alterações substanciais justo nas estruturas do livro, com a chegada de objetos de ler outros, completamente diferentes dos que conhecíamos. Esse tipo de movimento é tão relevante – para o negócio do livro e para as práticas da leitura – que há intensa discussão sobre impostos e alíquotas, na atualidade, fortemente relacionadas a um conceito do que seja "livro".[15] A despeito do reconhecimento de que há novos objetos em produção, com esse mesmo nome, é importante considerar que a leitura vem sendo fomentada, em todos eles.

Movimentos na escrita

Conforme aponta Chartier, este tipo de movimento tem relação com as práticas mesmas do escritor, isto é, o abandono do manuscrito ou do datilografado em favor de uma produção digital já desde a origem. A escrita inicia-se nos arquivos virtuais, nos computadores, e processos de edição de textos, sejam os feitos pelo próprio autor ou aqueles executados por preparadores, leitores técnicos ou mesmo revisores, passam a ter lugar nesse ambiente, o que apaga os vestígios da criação literária, por exemplo. A citação de Saramago com que abro este artigo toca justamente neste ponto, o das práticas da produção textual por meio de editores eletrônicos.

Complementarmente, o escritor passa a dispor de espaços e ferramentas que podem ajudar a escoar seus textos, de forma independente de editores e gráficas. Optando por um blog ou por vídeos, colunas em sites e mesmo redes sociais, livros fechados como PDFs ou ePubs, isto é, com grande variação nos resultados, passam a circular diretamente com os leitores. Essa, portanto, não é exatamente uma mudança, já que espaços de publicação digitais independentes convivem com a possibilidade da edição por meio de editoras de livros.

---

[15] A França foi questionada pela União Europeia por ter alterado impostos em favor do livro eletrônico, assunto do capítulo quinto deste volume. Ver mais na campanha *That is not a Book*, em <http://unlivreestunlivre.eu/> e notícia em <http://www.publishnews.com.br/telas/noticias/detalhes.aspx?id=80889>. A Itália foi mais além: alterou sua definição de livro. O critério é o objeto, qualquer que seja ele, ter um ISBN. Veja-se notícia em <http://www.publishnews.com.br/telas/noticias/detalhes.aspx?id=80775>.

Movimentos na publicação

Estes movimentos, em grande medida, hoje confundem-se com os movimentos da escrita, já que o escritor pode operar os elementos da edição de sua obra até a sua distribuição. No entanto, é exagero – senão um equívoco – dizer que isso ocorre em substituição à edição tradicional. O valor literário ou editorial relacionado às obras ainda encontra seus mecanismos de existência e os recria ou reposiciona.

Em trabalho anterior (RIBEIRO, 2011), mostrei como a publicação de livros que vieram de blogs ainda carregava, no discurso de autores e da mídia, um valor diferente – mais prestigioso – do que a publicação exclusivamente digital. Há, portanto, uma concatenação entre mídias, um diálogo e uma relação entre elas, que faz com que a publicação no blog tenha um efeito e uma função que se diferencia da função e do efeito do livro, valendo, portanto, ter os dois.

É facultado ao autor produzir sua própria obra, graficamente, ao menos desde as máquinas de mimeografar, como fizeram muitos poetas a partir de meados do século XX. No entanto, etapas como o design, a impressão e a distribuição ainda são nós difíceis da produção editorial independente.

As mídias digitais alteram essa relação se considerarmos que: a) o texto passa a ser produzido em computador; b) o texto pode ser diagramado e publicado ainda utilizando-se o computador; e c) a distribuição por meio de arquivos digitais evita uma etapa de deslocamento físico da obra, dispensando uma logística demorada e onerosa. No entanto, esse ainda é um movimento que parece não satisfazer completamente as ambições do escritor, que mantém, em grande parte, seu desejo de obter um livro impresso que possa seguir uma trilha analógica e com a materialidade que a cultura escrita já conhece há mais tempo: a do impresso.

Há, atualmente, belos projetos de publicação de livros digitais, que, no entanto, não substituem a produção de livros impressos, frequentemente, dos mesmos autores. É exemplo o projeto Formas Breves, do e-Galáxia, coordenado pelo escritor paranaense Carlos Henrique Schroeder, que publica e-books de contos de escritores contemporâneos em vias de legitimação e consagração[16].

Os movimentos na forma do suporte, isto é, a passagem do rolo ao códex, como lembra Chartier, comparando-a ao movimento atual do códex impresso aos formatos legíveis em displays (telas, mesmo que ainda imitem o códex), trazem alterações para as equipes de produção editorial (que passam a contar com designers web e programadores), para elementos ligados ao hardware (questões de compatibilidade e obsolescência que não cabiam antes) e para as formas de circulação dos textos, incluindo-se os modelos de negócio e financiamento das editoras.

A apropriação do texto, sua difusão, os direitos autorais, o controle de suas cópias, sua visibilidade, seus modos de acesso tornam-se questões relevantes para todos os atores sociais envolvidos no mundo da leitura e da escrita. As práticas do leitor são afetadas desde sua decisão por adquirir um livro em sua versão impressa ou digital até suas "sensações" ao lidar com determinados aspectos da leitura, tais como este, em um livro digital, de contornos completamente novos na história dos suportes de ler:

---

[16] Vale a pena ver o belíssimo projeto em: <http://blog.e-galaxia.com.br/formas-breves/>.

Fig. 2. Carregamento de página em livro digital acadêmico.

Fonte: Printscreen de livro feito pela autora.

Há ainda questões de difusão e distribuição completamente novas. Para Chartier,

> O meio eletrônico também permite a criação de um espaço inigualável para promoção do livro, onde se multiplicam grupos de discussão de bibliófilos, bibliotecários, editores, autores, colecionadores, pontos de vendas *on-line* de editoras e livrarias, estimulando a criação de novos públicos leitores e permitindo uma interação inédita entre autores, editores, leitores e bibliotecários. (CHARTIER, 1998, p. 282)

E, de fato, isso vem ocorrendo, bastando pensar em livrarias como a Amazon ou em lojas com espaços físicos e virtuais, como a Cultura, no Brasil, com expressivas vendas pela web; sebos e seus coletivos, como a Estante Virtual[17]; infinitos fóruns e redes

[17] Ver <www.estantevirtual.com.br>.

para discussão do tema da produção editorial, em aspectos menos ou mais amplos; redes de leitores, como o Skoob[18]; além de *fan fictions* criadas por fãs para discutir, traduzir e interferir em obras; e da discussão sobre bibliotecas virtuais ou digitalizadas[19].

O campo da literatura vive todas essas pressões e movimentações, sem se furtar à sua índole de espaço de experimentação e de pesquisa de novos modos de dizer. E-books que se pretendem multimídia, narrativas que se apropriam do hipertexto, aspectos tecnológicos como tema e mesmo redes sociais ampliadas e mais robustas de escritores e editores do mundo inteiro são a mínima parte deste universo na cultura escrita.

Sobre aspectos particularmente tecnológicos, é interessante citar a impressão digital e sob demanda, que altera, drasticamente, questões de tiragem, financeiras e de estocagem, assim como muda elementos ligados à distribuição apenas digital de obras que alcançam públicos mais distantes, a custo muito menor. O livro digital, no entanto, não parece ter reduzido a força do livro impresso, tendo-o, ao contrário, como uma alternativa e mesmo um aliado.

Movimentos na leitura

Os movimentos nas práticas da leitura talvez sejam, hoje, os mais estudados, em diversos campos, já que há interesses dispersos sobre a figura do leitor, ora tratado como estudante, ora como consumidor ou colaborador. Se, antes das possibilidades editoriais trazidas pelas tecnologias digitais, o leitor podia ser tratado como "passivo" ou o "receptor" de "conteúdos" transmitidos de maneira plena pelos enunciadores e seus veículos de comunicação, atualmente, esse cenário vem sendo descrito e compreendido de outra maneira.

---

[18] Ver, por exemplo, <www.skoob.com.br>.
[19] Robert Darnton (2010) discute esse aspecto em sua obra.

É comum que os estudos que têm como objeto ou que envolvem tecnologias digitais tenham passado a tratar o leitor como peça-chave das redes de produção editorial, até mesmo como coautor, considerando-se que ele possa interferir na obra que lê. Tal visão passa a considerar aspectos que vão da simples publicação de comentários à visibilidade que certos espaços virtuais de publicação têm tido na web. A leitura, então, é fundida (ou confundida) com a escrita, com a participação e com a autoria.

De outro ângulo, tem-se pensado a leitura em seus gestos, isto é, modos como o leitor usa dispositivos novos ou executa suas ações para ler, desde a compra dos textos (e-books, por exemplo) até sua apropriação física de um tablet, um smartphone ou um e-reader. Pegar, ligar, abrir, passar páginas, lidar com cliques e o hipertexto, manter-se ou abandonar a leitura. Gestos, em suma, mas gestos que estão ligados a habilidades cognitivas, também amplamente estudadas. Como ele navega e como ele compreende são questões que intrigam pesquisadores desde, pelo menos, os anos 1990[20].

Quero retomar uma frase anterior em que afirmei que o leitor de novos dispositivos passa páginas. Nesse sentido, voltamos a questões de produção editorial, particularmente nas considerações sobre a dificuldade, ainda atual, de se produzir edições genuinamente digitais. Como em movimentações anteriores da cultura escrita, o que vemos são apropriações de modos e estéticas ainda ligados à cultura impressa. Chartier se questiona isso, em 1998 (p. 159), levantando uma pergunta: "Seria interessante aprofundar por que a metáfora da navegação textual se impôs em relação a este novo suporte do texto". Pois se antes falávamos em "virar páginas" ou em um "campo" (como lembra CERTEAU,

---

[20] Muitas teses foram escritas sobre isso e continuam sendo. Vou citar ao menos as minhas e as de Ana Elisa Novais, todas pela UFMG. Ribeiro (2003; 2008), Novais (2011; 2018). Coscarelli vem, atualmente, trabalhando nas questões de navegação e leitura, juntamente com Julie Coiro, nos Estados Unidos. Ver, para apenas uma entrada, Coiro (2011).

2004), na atualidade, falamos em navegar, ação que não dispensa bússolas e outros modos de orientação. Para Chartier (1998, p. 159), há interesse em estudar "todas as metáforas utilizadas em relação a uma ou outra das formas de representação do texto, do rolo ao códice, do códice ao livro impresso e do livro impresso ao texto eletrônico".

Para Chartier (1998, p. 149), "a relação da leitura frente à tela suprime toda presença do objeto impresso nas mãos do leitor". A representação de texto na tela, que é apenas uma representação, tem, para o historiador, importância na maneira como lidamos com as obras e como nos movemos na cultura escrita. "Vemos de imediato uma forma de texto que muda em sua estrutura e em sua disposição. [...] Não acabamos de pensar os efeitos próprios e revolucionários deste novo tipo de representação textual". E até hoje, anos depois da afirmação do historiador, não temos certeza sobre tais mudanças, que ele chama de "revolucionárias".

Segundo Chartier,

> Precisamos desconstruir os vários valores associados ao livro para entendermos isto: se considerarmos seu valor como suporte de informação, perceberemos que o texto subsiste no ciberespaço, apenas a página (como espaço de leitura e de escrita) transforma-se. Antes átomos (pedra, argila, papiro, pergaminho e papel), agora bits, fótons. (CHARTIER, 1998, p. 283)

Conclusões provisórias

Impressiona a lucidez das afirmações dos historiadores do livro, mais de década atrás, quando tudo o que dizia respeito aos livros e à tecnologia digital poderia, ainda, parecer concorrente. A conciliação já aparecia, na proposta de Chartier, quando ele dizia que

> faz-se necessário reconhecer que somos todos parceiros, relutantes ou entusiasmados, necessitando adquirir no-

> vas habilidades ("alfabetização" digital) para alcançar as mesmas antigas metas (comunicação, informação e conhecimento) e precisando também reavaliar constantemente nossos conceitos sobre tais assuntos. A influência do impresso é ainda tão forte que a maioria das metáforas usadas para descrever o novo suporte usam terminologia e imagens advindas deste momento tecnológico anterior. Semelhante ao que aconteceu com relação à imprensa, são as novas gerações que conseguirão fazer um uso prático da tecnologia de modo verdadeiramente original, resolvendo também as dificuldades legais e financeiras que são ainda arrastadas do modelo impresso. (CHARTIER, 1998, p. 283)

A "página", o "folhear", as "abas" de "arquivos" e outros elementos da cultura impressa mantêm-se firmes nas representações digitais, mas o contrário também já ocorreu há muito. Os links, certa diagramação característica e a navegação são elementos que passaram a constituir materialidades impressas, em jornais, revistas e mesmo em livros. Os parceiros "relutantes" ou "entusiasmados" continuam suas discussões polarizadas, enquanto a produção editorial busca soluções, tanto impressas quanto digitais, para um leitor que ampliou suas formas de leitura e consumo.

As tríplices "revoluções" de Chartier, representadas no diagrama (Fig. 1) atrás, precisam, cada vez mais, ser compreendidas como uma rede de movimentos que vão se interinfluenciando (por isso a representação circular, interconectada), reconfigurando uma paisagem cultural, a da escrita, que ganha novos matizes, sem perder a força, inclusive – e principalmente – no campo da literatura.

Referências

ABREU, Márcia (Org). *Leitura, história e história da leitura*. São Paulo: Mercado de Letras, 2000.

ALBARRAN, Alí A.; RIBEIRO, Ana Elisa. As fronteiras do livro. In: CONGRESSO BRASILEIRO DE CIÊNCIAS DA COMUNICAÇÃO, 36., Manaus, 2013. *Anais...* Manaus: Intercom. p. 1-15, 2013.

ARAÚJO, Pablo Guimarães de. *Uma tecnologia na mão e uma ideia na cabeça*: pequenas editoras, autores independentes e as novas possibilidades de publicação de livros. Dissertação (Mestrado em Estudos de Linguagens) – Centro Federal de Educação Tecnológica de Minas Gerais, 2013.

BAHLOUL, Joëlle. *Lecturas precarias*. Estudio sociológico sobre los "poco lectores". Trad. ao espanhol Roberto Cue. Cidade do México: Fondo de Cultura Económica, 2002.

BARTHES, Roland. A morte do autor. In: BARTHES, Roland. *O rumor da língua*. Lisboa, PT: Edições 70, 1984.

BELLEI, Sérgio. Autores, leitores e a nova textualidade. In: ABREU, Márcia; SCHAPOCHNIK, Nelson (Orgs.). *Cultura letrada no Brasil*: objetos e práticas Campinas: Mercado de Letras; Associação de Leitura do Brasil (ALB); São Paulo: Fapesp, 2005. (Coleção Histórias de Leitura)

CERTEAU, Michel de. *A invenção do cotidiano* – Artes de fazer. 14. ed. Trad. Ephraim Ferreira Alves. Petrópolis: Vozes, 2008.

CESNIK, Fábio. *Livro digital*. Araxá, Minas Gerais: Festival Literário de Araxá, FliAraxá, 29.8.2015. (Comunicação oral).

CHARTIER, Roger. *A ordem dos livros*: leitores, autores e bibliotecas na Europa entre os séculos XIV e XVIII. 2. ed. Trad. Mary Del Priore. Brasília: Editora Universidade de Brasília, 1998.

CHARTIER, Roger. *Cultura escrita, literatura e história*: conversas de Roger Chartier com Carlos Aguirre Anaya, Jesús Anaya Rosique, Daniel Goldin e Antônio Saborit. Porto Alegre: Artmed, 2001.

CHARTIER, Roger. *Os desafios da escrita*. Trad. Fulvia M. L. Moretto. São Paulo: Editora Unesp, 2002.

COIRO, Julie. Predicting Reading Comprehension on the Internet: Contributions of Offline Reading Skills, Online Reading Skills, and Prior Knowledge, *Journal of Literacy Research*, 12 Out. 2011. Dispo-

nível em: <http://jlr.sagepub.com/content/early/2011/10/12/108629
6X11421979>.

DARNTON, Robert. *A questão dos livros*. Trad. Daniel Pelizzari. São Paulo: Companhia das Letras, 2010.

FOUCAULT, Michel. *O que é um autor?* Portugal: Veja/Passagens, 2002.

LAJOLO, Marisa; ZILBERMAN, Regina. *A leitura rarefeita*. São Paulo: Ática, 2002.

MARTINS, Jorge. *Profissões do livro*. Editores e gráficos, críticos e livreiros. Lisboa: Verbo, 2005.

NOVAIS, Ana Elisa Costa. *Leitura nas interfaces gráficas de computador*: compreendendo a gramática das interfaces. Dissertação (Mestrado em Estudos Linguísticos) – Universidade Federal de Minas Gerais, Belo Horizonte, 2008.

NOVAIS, Ana Elisa Costa. *Metáforas digitais no cotidiano*. Tese (Doutorado em Estudos Linguísticos) – Faculdade de Letras da Universidade Federal de Minas Gerais, Belo Horizonte, 2018.

RIBEIRO, Ana Elisa. *Ler na tela*. Dissertação (Mestrado em Estudos Linguísticos) – Faculdade de Letras da Universidade Federal de Minas Gerais, Belo Horizonte, 2003.

RIBEIRO, Ana Elisa. *Navegar lendo, ler navegando*. Tese (Doutorado em Linguística Aplicada) – Faculdade de Letras da Universidade Federal de Minas Gerais, Belo Horizonte, 2008.

RIBEIRO, Ana Elisa. Notas sobre o conceito de transposição e suas implicações para os estudos da leitura de jornais on-line. *Em Questão*, Porto Alegre, v. 15, p. 15/1-30, 2009.

RIBEIRO, Ana Elisa. Relações virtuais, edições de papel e a renovação da literatura brasileira. In: SEMINÁRIO BRASILEIRO LIVRO E HISTÓRIA EDITORIAL, 2., Rio de Janeiro/Niterói, 2009. *Anais...* Niterói: UFF, 2009a. Disponívivel em: <http://www.livroehistoriaeditorial.pro.br/ii_pdf/ana_elisa_ribeiro.pdf>. Acesso em: 5 set. 2015.

RIBEIRO, Ana Elisa. The book is on the tablet: visadas no discurso sobre o livro digital na imprensa. In: CONGRESSO BRASILEIRO DE CIÊNCIAS DA COMUNICAÇÃO, 34., Recife, 2011. *Anais...* Recife: Unicap, p. 1-15, 2011.

RIBEIRO, Ana Elisa. "No Brasil, só se entende escrever em jornal" – Clarice Lispector, Fernando Sabino e redes de edição no século XX. In: ENCONTRO NACIONAL DE HISTÓRIA DA MÍDIA, 9., Ouro Preto, 2013. *Anais...* Ouro Preto: UFOP Alcar, 2013.

RIBEIRO, Ana Elisa. "Não tem que ser bom editor, tem que ser rápido": redes de edição de Clarice Lispector em meados do séc. XX. In: CONGRESSO BRASILEIRO DE CIÊNCIAS DA COMUNICAÇÃO, 35., Manaus, 2013. *Anais do XXXVI Congresso Brasileiro de Ciências da Comunicação*. Manaus: Intercom, 2013a.

RIBEIRO, Ana Elisa. Cultura escrita, cultura impressa e cultura digital: contiguidades e tensões. In: FIORENTINI, Leda Maria Rangearo et al. (Orgs.). *Estilos de aprendizagem, tecnologias e inovações na educação*. Brasília: Universidade de Brasília. p. 13-21, 2013b.

RIBEIRO, Ana Elisa; GUIMARÃES, Pablo A. Livrarias-editoras em Belo Horizonte: cenário contemporâneo e perspectivas. In: CONGRESSO BRASILEIRO DE CIÊNCIAS DA COMUNICAÇÃO, 37., Foz do Iguaçu, 2014. *Anais...* São Paulo: Intercom. v. 1. p. 1-15, 2014.

RIBEIRO, Ana Elisa. Redes de edição e redes sociais: Cruzamentos e questões. *Em Tese*, v. 20, n. 3, p. 163-179, 2014.

RIBEIRO, Ana Elisa. *Escrever, hoje*. Palavra, imagem e tecnologias digitais na educação. São Paulo: Parábola Editorial, 2018.

SALGADO, Luciana Salazar. *Ritos genéticos editoriais* – Autoria e textualização. São Paulo: Fapesp; Annablume, 2011.

SALGADO, Luciana Salazar. Ritos genéticos editoriais: uma abordagem discursiva da edição de textos. *Revista do Instituto de Estudos Brasileiros*, São Paulo, v. 1, p. 253-276, 2013.

SARAMAGO, José. *História do Cerco de Lisboa*. São Paulo: Companhia das Letras, 1989.

VAN LEEUWEN, Theo. Dez razões pelas quais os linguistas devem prestar atenção na comunicação visual. In: LEVINE, Philip; SCOLLON, Ron (Ed.). *Discourse & Technology* – Multimodal discourse analysis. Washington: Georgetown University Press, 2004. [Tradução livre de Ana Elisa Ribeiro]

ZAID, Gabriel. *Livros demais!* Sobre ler, escrever e publicar. Trad. Felipe Lindoso. São Paulo: Summus, 2004.

2. Autor, editor e livro literário: cenas contemporâneas das tecnologias do livro

As questões que nos guiam neste breve trabalho são: O que é editar? Quem edita? Que distância há, hoje, entre quem escreve e quem edita? Por mais que pareçam elementares, essas perguntas têm estado implícitas em muitas discussões contemporâneas, especialmente quando o que está em jogo como produto editorial é o livro. Aliás, a questão sobre o que é, hoje, um livro também está posta e já vimos investindo nela há algum tempo (RIBEIRO 2017; 2016; 2012; 2011; ALBARRÁN e RIBEIRO, 2015).

Para pensar o ato de editar hoje ou a rede de atividades que resulta no editado ou publicado, retomamos alguns trabalhos do historiador do livro Roger Chartier, que, em várias de suas obras, difunde a ideia de que autores *não* fazem livros. Tal assertiva, amplamente repetida por nós, pesquisadores de edição brasileiros, na verdade é emprestada de outro pensador, Donald McKenzie[1]. Está assim formulado em Chartier (1998, p. 17): "Seja o que quer que façam, os autores não escrevem livros. Os livros não são absolutamente escritos. Eles são fabricados por copistas e outros artífices, por operários e outros técnicos, por prensas e outras máquinas". Desse ponto de vista, a edição/editoração é uma atividade especializada, nas mãos de especialistas que atuam em colaboração ou em rede, mas que se distinguem do *autor* do *texto* que, por obra de outros, se transformará em *livro*. Não se trata, portanto, de uma atividade individual, a menos que o autor de

---

[1] "Se as 'formas têm um efeito sobre os sentidos', como escrevia D. F. McKenzie (1991, p. 4)" está em Chartier (2002, p. 107).

um texto tenha todas as expertises necessárias à produção total de uma obra até transfigurá-la em um livro.

Esse tipo de questão emerge novamente, nos dias atuais, muito em razão da chegada das tecnologias digitais à cena livresca, ou mesmo à cultura escrita, tratando de desestabilizar processos e produtos que estivessem eventualmente estabilizados, por algum intervalo. É fato que tecnologias, inovações e transformações perturbam modos de *fazer* e modos de *usar*, como se pode perceber quanto ao livro impresso e ao digital. Mais uma vez, na história de longa duração do livro, efervesce um debate sobre *quem são* as personagens atuantes neste campo, assim como sobre *o que são* e *como* se usam os objetos resultantes dos processos de edição e impressão ou mesmo *o que seja* a *publicação* de uma obra, em tempos de redes sociais e baixas tiragens[2]. Danzico (2010) descreve um cenário em que somos todos editores no pós-publicado, em consonância com o que vem ocorrendo na internet: publique-se, depois apure-se. Isso reduz a distância entre *editor* e *leitor*, por exemplo, quase hibridizando-os, quase excluindo da cena o editor profissional.

Interessa-nos aqui promover uma breve discussão sobre a premissa, tão repetida, ao menos nos estudos de edição brasileiros, de que *autores produzem textos e editores, livros*, repercutindo a visão de um processo mais especializado e distinguível do que ele parece ser nos dias de hoje, frente às tecnologias digitais. Consideramos, a propósito, ser necessário relativizar esses processos e polarizações para narrar a edição já no século XX. Para isso, recorreremos aos trabalhos de Roger Chartier, responsável pela ampla difusão dessa ideia. Com ele também serão convocados Arns (1993) e mesmo Pierre Lévy (1993), conhecido no Brasil

---

[2] O pesquisador argentino José Luis de Diego aponta a relação difícil entre concentração editorial, grupos cada vez maiores, em contraste com a tendência a tiragens de livros cada vez mais baixas, especialmente na literatura. Ver entrevista do autor em Ribeiro (2017a).

como filósofo da cibercultura, muito embora ele não focalize o livro como um de seus objetos preferenciais.

Atualizando definições de: editar, publicar e livro

Do que tratamos quando falamos em *editar* ou em *publicar*? São a mesma coisa, no mesmo movimento? O contexto sociotécnico pode alterar (ou atualizar...) nossas definições do que sejam *editar* e *publicar*? Qual é e como se descreve a distância entre editar e publicar? Ou sobre escrever um *texto* e publicar um *livro*? O que dizer de um cenário em que a *edição* ocorre após a *publicação*?

Dom Paulo Evaristo Arns, em importante referência sobre a técnica do livro em São Jerônimo (i. é., séc. IV e V d.C.), assim define a publicação: "Assumir a responsabilidade pelo texto diante de outros" (ARNS, 1993, p. 87). Não se trata, portanto, de uma quantificação ou de uma abrangência previamente definida e esperada, que dependa de eventual fama ou da tiragem de dada obra, mas da assunção de uma responsabilidade para além de si.

Continua Arns (1993, p. 88): "De fato, editar parece, muitas vezes, equivalente a divulgar. Desde o instante em que o autor julga conveniente enviar sua obra a um amigo, esta pertence ao público, e o autor já não tem mais nenhum direito sobre ela". Mais adiante, tratando de uma controvérsia entre São Jerônimo e Rufino, surge outra definição para *editar*: "Por certo, escrever não equivale a editar. É preciso que ao primeiro ato se associe a vontade de difundir. Enquanto nosso Doutor de Belém se obstina em afirmar que um escrito difundido entre amigos está publicado, seu colega de Jerusalém o nega com a mesma tenacidade (...)" (ARNS, 1993, p. 199)

A questão, portanto, não é tanto a da editoração, mas da difusão do escrito, que pode ser menos ou mais ampla, conforme os pensadores à época. De todo modo, está em jogo a produção do livro, objeto operador não apenas de uma atividade inteira como também de todas as questões que nos incomodam há alguns anos, especialmente após o advento das tecnologias digitais: o que é um *livro*? O que é *editar* um livro? Como um livro pode ser editado e publicado? O que cabe a um autor? O que cabe a um editor? O que caracteriza um leitor? O que é leitura? Pode-se editar sem divulgar? O que dizer dos tempos atuais, quando é possível divulgar sem editar[3]? E o que dizer da produção "independente"[4], no grande e diverso universo da edição, em que autores e editores frequentemente se confundem? Não parece claro que tanto Arns quanto Chartier tratam de um esquema de edição mais dividido e distinto do que o que vemos ocorrer nos dias atuais e há algumas décadas?

Essas questões servem mais para provocar do que para serem aqui respondidas, definitivamente. Colocados sempre em posições opostas do campo da edição do impresso[5], *leitor* e *autor* podem parecer estar em diálogo ou em esgrima, como se o editor fosse uma personagem transparente ou invisível nessa cena. E não é e nunca foi. Ocorre, no entanto, que suas tarefas podem estar acumuladas na mesma pessoa.

Afirma São Jerônimo que é preciso desejar difundir para que se obtenha edição. O "escritor de gaveta" não chega a ser um

---

[3] O "publique depois apure" é o *modus operandi*, por exemplo, do jornalismo digital ou webjornalismo, há pelo menos duas décadas. Para uma discussão sobre isso e implicações para o texto, ver Gonzaga-Pontes (2012).

[4] Muitas questões sobre o que é ser "independente" vêm emergindo e sendo pesquisadas. Não nos ateremos a isso aqui. Para uma discussão brasileira, ver Muniz Jr. (2017), por exemplo, ou o artigo de Oliveira (2017). Sobre feiras de publicações independentes, ver Magalhães (2018).

[5] Nos debates sobre autoria e edição com tecnologias digitais, a fusão entre autor e editor ou leitor e autor é quase uma obviedade. Não à toa foram cunhados termos como *prosumer* (produtor e consumidor, a um só tempo) ou *lautor* (leitor e autor ou *wreader*). A primeira é atribuída a Alvin Toffler, nos anos 1980; a segunda, encontrada em trabalhos de Sérgio Bellei (p. ex. 2002), inspirado em Roland Barthes.

personagem em cena, portanto. E não é dele que trataremos. O escritor que faz um movimento para fora, que seja o de responsabilizar-se pelo escrito diante de uma ou várias pessoas, é que nos interessa, especialmente se ele empreende a edição e a publicação do próprio livro, levando a que verifiquemos a existência, cada vez mais evidente, de uma figura central para a edição contemporânea, especialmente na literatura: o autor-editor ou o texto-tornado-livro pelo mesmo agente.

Várias descrições de processos editoriais podem nos soar anacrônicas, na obra de Chartier ou na de Arns. Quanto a isso, autor e editor, assim como autor e leitor, foram quase sempre postos em campos distantes, separados, senão opostos. Comecemos pela antológica citação de Michel de Certeau, em seu clássico *A invenção do cotidiano* (1994), elogiado por Chartier, com grifos nossos:

> *Bem longe de serem escritores*, fundadores de um *lugar próprio*, herdeiros dos lavradores de antanho – mas, sobre o solo de linguagem, cavadores de poços e construtores de casas –, *os leitores são viajantes*: eles circulam sobre as terras de outrem, caçam, furtivamente, como nômades através de campos que não escreveram, arrebatam os bens do Egito para com eles se regalar. (CERTEAU, 1994 apud CHARTIER, 1998, p. 11)

"Bem longe de serem escritores" (...) "os leitores". Sem orações intercaladas fica mais fácil desnudar um campo vasto de distância entre uns e outros, além da diferença entre a propriedade do autor e a errância do leitor. Agora pensemos nos processos com alguma clara divisão de trabalho ou tarefas, explícita especialização, como aparece em Arns (1993, p. 65), ao descrever o que faz o notário, ao produzir livros, no tempo de São Jerônimo:

> ele manda chamar o taquígrafo (accito notario), ordena-lhe que prepare as "ceras" (ut exciperet imperavi). Tudo começa quando este já está pronto para o trabalho (quo

ad officium praeparato): Jerônimo põe a língua em movimento, e o outro, os dedos (interim et ego linguam et ille articulum movebamus). (ARNS, 1993, p. 65)

Chartier (1998, p. 10) trata da "disjunção" entre texto e imagem em um impresso, o que acarreta diferenças e divisões no processo editorial também: "para imprimir, de um lado, os caracteres tipográficos e, de outro, as gravuras em cobre, são necessárias prensas diferentes, duas oficinas, duas profissões e duas competências". E, um pouco antes, revela uma personagem interessante no cenário da edição, a despeito das mudanças tecnológicas ocorridas e decorrentes da invenção da prensa alemã: "Manteve-se também a figura daquele que na Inglaterra do século XVIII se chamava de *gentleman-writer*, aquele que escrevia sem entrar nas leis do mercado, à distância dos maus modos dos livreiros-editores, e que preservava assim uma cumplicidade muito forte com os leitores" (CHARTIER, 1998, p. 9).

Que figuras são essas? Ainda existem? Com que se parece um *gentleman-writer*? Uma espécie seminal de *youtuber* que publica livros? O que os ditos "editores independentes" significam no cenário atual da edição?

Tecnologias do livro, hoje, e o autoeditor

Para Chartier, em um trecho que retoma questões reiteradas ao longo de sua obra (e desta),

> Os textos não existem fora dos suportes materiais (sejam eles quais forem) de que são os veículos. Contra a abstração dos textos, é preciso lembrar que as formas que permitem sua leitura, sua audição ou sua visão participam profundamente da construção de seus significados. O "mesmo" texto, fixado em letras, não é o "mesmo" caso mudem os dispositivos de sua escrita e de sua comunicação. (CHARTIER, 2002, p. 61-62)

Ou antes ainda, em um livro composto por uma longa entrevista ou debate:

> (...) deve-se lembrar que não há texto fora do suporte que o dá a ler (ou a ouvir), e sublinhar o fato de que não existe a compreensão de um texto, qualquer que ele seja, que não dependa das formas através das quais ele atinge o seu leitor. Daí a distinção necessária entre dois conjuntos de dispositivos: os que destacam estratégias textuais e intenções do autor, e os que resultam de decisões de editores ou de limitações impostas por oficinas impressoras. (CHARTIER, 1998, p. 17)

Insistimos na importância de se pensar e investigar, portanto, o objeto onde o texto se inscreve, muito embora isso não seja uma escolha hegemônica na área de Letras, no Brasil. Se queremos tratar dos sentidos ou dos significados de uma obra-em-livro, nosso recorte aqui, é fundamental orientarmo-nos contra a *abstração dos textos*, na expressão de Chartier. Muito embora, como já apontado, na virtualidade intrínseca a qualquer leitura, os textos sejam moventes, instáveis, hibridizáveis ou até silentes (está em Chartier, 1998, p. 7 que "a leitura é, por definição, rebelde e vadia"), eles não pairam no mundo. São escritos e/ou inscritos sob(re) o manto, mesmo que provisório, de alguma(s) linguagem(gens), o que pode incluir uma língua, a letra, o desenho, um material qualquer, etc. "As obras, os discursos, só existem quando se tornam realidades físicas, inscritas sobre as páginas de um livro, transmitidas por uma voz que lê ou narra, declamadas num palco de teatro" (CHARTIER, 1998, p. 8). Essa diretiva justifica a necessidade de existência de um campo de estudos, a *edição*, que mira, portanto, elementos e processos fartamente encontráveis no mundo, há milênios. Retomando Chartier (1998, p. 8): "Daí, então, a atenção dispensada, mesmo que discreta, aos dispositivos técnicos, visuais e físicos que organizam a leitura do escrito quando ele se torna um livro".

Muito embora Chartier tenha se especializado em descrever e analisar processos de edição de séculos anteriores, assim como Arns em relação a São Jerônimo, estudos atuais têm mirado os movimentos editoriais correntes. E os historiadores sabem disso, admitindo que haja uma "inquietação de nosso tempo diante da extinção dos critérios antigos que permitiam distinguir, classificar e hierarquizar os discursos" (CHARTIER, 2002, p. 109). Decorre disso que haja efeitos evidentes não apenas sobre os próprios objetos ligados ao mundo da edição, mas também sobre as definições desses objetos. Vejamos como Chartier formula isso, diante das possibilidades digitais: "Não é pequeno seu efeito sobre a própria definição de 'livro' tal como o compreendemos, tanto um objeto específico, diferente de outros suportes do escrito, como uma obra cujas coerência e completude resultam de uma intenção intelectual ou estética" (CHARTIER, 2002, p. 109-110).

Editar um texto para que se torne um *livro*, isto é, tanto esse processo quanto os produtos parciais que decorrem da edição, é objeto de investigação, em qualquer tempo, em recorte sincrônico ou diacrônico. E o que fazemos aqui é contrastar uma compreensão mais claramente dividida dos processos editoriais de antanho [ou de alguns que re(ex)istem] aos processos atuais, cujas etapas e personagens nos parecem menos claros e menos localizáveis (*liquidez*?), especialmente entre os editores de menor porte (o que não quer dizer de menor impacto no campo).

Chartier admite, em muitos trabalhos, as mutações sofridas pela cultura escrita após a chegada do texto e das tecnologias digitais. O historiador faz menção às "(...) transformações das práticas de leitura, as *novas modalidades de publicação*, a *redefinição da identidade e da propriedade das obras* (...)" (CHARTIER, 2002, p. 7, grifos nossos), lembrando-nos de aspectos que vão do editor ao leitor. Em outra obra, após discorrer sobre as técnicas de reprodução dos textos e o impacto da invenção da prensa por Gutenberg, não maior que, segundo o historiador, a invenção do códice nos séculos II, III e IV d.C, Chartier admite "(...) a invenção de um novo suporte do texto, a tela, outra forma de livro, pois pode-se falar também do livro eletrônico" (CHARTIER, 2001, p. 38). E quem é o *escritor* desse novo suporte? Quem o *edita*? E quantas experiências há de indistinção entre autor/editor, no universo "independente" ou no das nano e microeditoras?

Para Chartier, "A revolução do nosso presente é mais importante do que a de Gutenberg. Ela não somente modifica a técnica de reprodução do texto, mas também as estruturas e as próprias formas do suporte que o comunica aos seus leitores", ou ainda, com nossos grifos, "Com a tela, *substituta do códex*, a transformação é mais radical, pois são os modos de organização, de estruturação, de consulta ao suporte do escrito que se modificam" (1998, p. 98). Tal mudança é uma entre outras, isto é, há ainda alterações não desprezíveis no processo de edição/editoração, inclusive as que nos interessam aqui, que dizem respeito ao *escritor que edita* ou *autoeditor*, compreendendo-se aqui o *auto* não apenas com o sentido em português de *self*, que faz ele próprio e para si, mas também como partícula da palavra *autor*, de *autoridade* sobre sua lavra.

Onde se inscreve o texto?

Alterando-se, novamente, os suportes... alteram-se também os sentidos que as leituras podem gerar dos livros – impressos ou digitais? Por onde deslizam os textos, considerando-se as possibilidades de publicação atuais? Pierre Lévy, no início dos anos 1990 (hoje soando anacronicamente), afirmava que:

> A nova escrita hipertextual ou multimídia certamente estará mais próxima da montagem de um espetáculo do que da redação clássica, na qual o autor apenas se preocupava com a coerência de um texto linear e estático. Ela irá exigir *equipes* de autores, um verdadeiro trabalho coletivo. Pensemos, por exemplo, em todas as competências necessárias

para a realização de uma enciclopédia em CD-ROM, desde a *expertise* nos diferentes domínios que a enciclopédia abrange até os conhecimentos especializados na informática, passando por esta arte nova da "diagramação de tela" interativa. (LÉVY, 1993, p. 108)

Essas novas equipes editoriais, de fato, constituem-se hoje, muito embora a produção massiva de livros continue sendo a dos impressos, a despeito de os processos tecnológicos terem sido mudados da tipografia para a escrita e a edição digitais. Ainda que muitas mudanças tenham ocorrido e impactado tanto o processo de edição/editoração quanto o produto e a recepção dos livros, é importante pensar se estamos lidando com o *livro*, tal como sempre o compreendemos, ou com outro objeto, nomeado por Chartier como uma *representação eletrônica dos textos*. O historiador inscreve a "revolução eletrônica" na história de longa duração dos livros, visando a "medir corretamente" o que trata como as "possibilidades inéditas abertas pela numerização dos textos, sua transmissão telemática e sua recepção no computador" (1998, p. 103). E assim separa o livro de seu holograma: "No mundo dos textos eletrônicos – ou, mais exatamente, de *representação eletrônica dos textos*", referindo-se aos textos lidos em telas. Com isso, Chartier é coerente com sua visão de que o objeto também é parte dos elementos que dão sentido a uma obra. Para ele, os textos não serão os mesmos em códices e em telas, dado que se alterarão as condições de suas recepção e compreensão.

De outro ângulo, no mesmo campo, podemos dizer que também se alteram as condições de produção, tanto do texto quanto do livro, o que propicia e mesmo causa mudanças nos processos de criação e de consumo, isto é, nas duas pontas. Chartier (1998, p. 72) afirma: "Poder-se-ia pensar que, progressivamente, é a concepção do texto que vai ser modificada e que carregará desde o momento do processo de criação, os vestígios dos usos e interpretações permitidos pelas suas diferentes formas". E parece-nos o que ocorre nos processos de edição de livros que são, desde a gênese, digitais.

Chartier (1998, p. 91) afirma que a "biblioteca do futuro, tal como esboçada, é em certo sentido uma biblioteca sem paredes", que possibilita um manejo novo, diferente, sendo que os textos não seriam mais "prisioneiros da sua materialidade original". Analogamente, podemos tratar as casas editoriais atuais como outra espécie de espaço sem paredes, sem salas de editor ou de revisor, mesa de reuniões com o autor e mesmo balcão de recepção de leitores/consumidores. Textos, em sua intrínseca virtualidade, tanto na criação quanto na leitura, não são prisioneiros. Tanto é assim que perduram, mesmo quando queimados ou estilhaçados nas páginas digitais infinitamente fragmentadas.

Chartier defende que alguns elementos constituíram e transformaram nossa relação com os textos. Entre esses elementos, queremos destacar o que ele nomeia como "a emergência de uma nova definição de livro, associando um objeto, um texto e um autor", séculos atrás (1998, p. 7). Os outros elementos seriam a invenção do autor determinante dos textos e a ideia de uma biblioteca universal, tudo relacionado à invenção da prensa por J. Gutenberg. De fato, a noção de que um livro está ligado a um texto e a um autor desse texto nos parece natural, o que pode não ter sido, em outras eras da cultura escrita. Mas e quanto a hoje? E quanto a essa relação com as tecnologias atuais e a produção editorial contemporânea? Passemos então a alguns casos que podem relativizar a assunção de que autores e editores estejam mesmo em pontos tão distintos do campo da edição e da publicação.

Para arrematar, alguns casos que engolem distâncias

Oficialmente, a prensa chegou ao Brasil apenas no início do século XIX, criando um contexto em que começou a se desenvolver também um mercado de edição. Tomaremos a Alessandra El Far (2006) alguns acontecimentos desse período, que nos ajudam a pensar como funcionava a publicação de livros naquele momento. Para isso, é inescapável mencionar livreiros e editores estrangeiros, atuantes especialmente na cidade do Rio de Janeiro, na virada do século XIX para o XX.

Segundo El Far (2006), a elite letrada brasileira interessou-se pelo estoque de livros literários e folhetins franceses vendidos pela livraria Garnier, o que levou o livreiro-editor a montar uma equipe de editores e tradutores, a fim de verter ao português os romances que nossos conterrâneos de então não podiam acessar na língua original. Vejamos que os processos de edição não prescindem da tradução, logo em sua aurora.

Outro ponto importante para se pensar a edição no Brasil é o que El Far narra em relação aos procedimentos de B. L. Garnier: o livreiro-editor "não publicava o primeiro livro de ninguém" (2006, p. 21). Segundo a autora,

> Para conseguir o selo editorial de sua livraria, era preciso antes conquistar o apreço dos críticos literários, assinar colunas na grande imprensa ou ter algum destaque na vida política do país. Mesmo com tantos requisitos, Garnier tornou-se um dos editores mais importantes do século XIX. Publicou obras de José de Alencar, Machado de Assis, Joaquim Nabuco, Joaquim Manuel de Macedo, Graça Aranha, Olavo Bilac e Sílvio Romero, dentre outros nomes do nosso cenário intelectual, recebendo, por isso, do imperador D. Pedro II, o título de "livreiro e editor do Instituto Histórico e Geográfico" e uma comenda da Ordem da Rosa pelos serviços prestados às letras nacionais. (EL FAR, 2006, p. 21)

Tal prática, que parece visar ao baixo risco (ou risco zero) para o empresário, é ainda nossa conhecida, especialmente para o caso das grandes editoras. O universo dos "independentes" é que parece cumprir o papel de publicar novidades, assumindo riscos que outros não querem assumir. Menos a ganhar, mas menos a perder, afinal. É questão de diversidade e independência, mas também de escala.

Merece ainda destaque a citação do editor Paula Brito, modesto e mulato, mencionado por Machado de Assis, àquela época, como nosso primeiro editor. Segundo El Far, Brito teria começado como aprendiz de tipógrafo, para tornar-se compositor em um jornal e, depois, abrir sua livraria nos anos 1830, passando a editar e a encadernar livros. Paula Brito "editava por encomenda, por conta própria e por regime de subscrição – só enviava uma obra ao prelo depois de enumerar uma lista de pessoas interessadas em pagar adiantado a compra" (EL FAR, 2006, p. 23). Conta a autora que "Para os escritores que não conseguiam convencer os editores do caráter artístico ou comercial da sua obra, havia sempre a opção de pagar pela impressão do manuscrito" (2006, p. 34), prática que, sabemos, vige até os dias de hoje. Ainda no séc. XIX, Olavo Bilac já se queixava de uma "superprodução literária", o que nos parece hoje curioso e desproporcional. O certo é que, desde os primórdios da atividade de edição no Brasil, os autores tinham dificuldades para publicar e difundir seus livros com editoras, partindo para a autoedição em muitos casos. Cita El Far que, no início do século XX, os poetas Mário de Andrade e Carlos Drummond de Andrade pagaram pelas primeiras edições de seus livros (*Macunaíma*, por exemplo, em tiragem de 800 exemplares), ainda assim lidando com uma circulação muito restrita de suas obras. Por outro lado, "possuíam singular liberdade de criação, gerenciando desde a capa até, no caso das revistas, a composição dos reclames" (EL FAR, 2006, p. 41).

De que *gerenciamento* estamos tratando, nessa menção ao processo de edição (e da atividade editorial brasileira) no alvorecer do século XX? Há enorme coincidência ainda com a edição literária, em sua maior parte, no Brasil de hoje. No século XX, grande parte dos escritores considerados hoje consagrados deu início à trajetória de publicação com meios próprios. Nas entrevistas concedidas a Van Steen (2008), é possível elencar como autoeditados ou ao menos autofinanciados: o poeta João Cabral de Melo Neto, cujo primeiro livro teve tiragem de 250 exemplares, sendo 50 em papel alemão importado e os demais em papel comum; pagaram suas primeiras obras Dyonélio Machado, Lêdo Ivo, Décio Pignatari e Autran Dourado; além deles, Lygia Fagundes Telles, que usou suas economias para tal; Fernando Sabino, que gastou a herança da venda de um terreno do pai; Rachel de Queiroz, que teve seus primeiros mil exemplares bancados pelo pai; Vinícius de Moraes, que às vezes bancou do próprio bolso e outras vezes cotizou com amigos ou vendeu por subscrição (caso do livro *Cinco elegias*. Conta também que uma edição da obra *Pátria minha* foi produzida pelo amigo João Cabral, rodada no consulado geral de Barcelona, como um presente); finalmente, o consagrado contista Luiz Vilela declara o autofinanciamento de seu livro *Tremor de terra*.

Em todos os casos, o pagamento pela edição de um livro não garantiu maior difusão, mas talvez tenha propiciado mais liberdade na edição da obra, acompanhada de perto. O escritor Fernando Sabino, que também foi editor na pequena Sabiá (e, antes, na Editora do Autor), afirmava: "A idéia era provar que, se um editor não pode necessariamente escrever os livros que edita, um escritor poderia editar os livros que escreve", o que parece, hoje, uma obviedade, especialmente diante das possibilidades da edição digital (do Word à impressão e mesmo à distribuição). Autran Dourado, um dos editados por Sabino, conta ter tido uma "grande dificuldade" com o amigo e editor: "que queria que eu ponteasse, botasse aspas, sinal de diálogo etc., para facilitar e ajudar o leitor. Eu não queria ajudar leitor nenhum, e o livro acabou saindo bem; não com a velocidade que o Fernando Sabino queria, mas acabou esgotando a edição" (VAN STEEN, 2008, p. 172), mostrando que as posições entre editores e autores não são, necessariamente, diametralmente opostas.

Para arrematar esta discussão apenas ensaiada, é possível citar inúmeros casos ainda mais recentes, embora nem sempre ainda consagrados, de escritores que se tornaram editores a fim de resolver suas dificuldades com editoras estabelecidas. E não quaisquer casos, mas os de figuras que constam, hoje, dos catálogos de grandes multinacionais ou de elencos de grandes eventos literários: o paulistano-gaúcho Daniel Galera e sua Livros do Mal, em parceria com outros escritores, que iniciaram suas publicações de maneira "independente", autoeditando-se, na virada dos anos 2000; caminho semelhante ao tomado pelo tradutor e romancista Joca Reiners Terron, em sua Ciência do Acidente, responsável pela publicação de outros escritores no alvorecer do século XXI. Há outros, talvez menos amplamente conhecidos, como Carlos Fialho e sua Jovens Escribas, em Natal (RN); Eduardo Lacerda e sua Patuá, em São Paulo, que, em todo caso, se declara "ex-poeta" e tornou-se notório editor de novos autores. Também os poetas mineiros Bruno Brum e Ricardo Aleixo, que sempre se autoeditaram, assim como o poeta carioca Chacal, que inclusive declara preferir ter o controle dos livros que edita e publica.

É possível e talvez seja necessário relativizar a assertiva de que autores não fazem livros, retomando, especialmente no campo da literatura, a história de muitas personagens, no Brasil e ao redor do mundo, que fizeram decolar os originais/manuscritos de suas gavetas por meio do empreendimento editorial próprio, às vezes muito bem-sucedido, contrariando uma ideia de divisão muito definida do trabalho editorial. Há mais Sabinos pelo mundo e na história de longa duração do livro do que supunham nossos antecessores.

Referências

ALBARRAN, Ali A.; RIBEIRO, Ana Elisa. O livro: questões presentes e futuras. *Revista de Estudos da Comunicação* (Impresso), v. 16, p. 3-18, 2015.

ARNS, Dom Paulo Evaristo. . *A técnica do livro segundo São Jerônimo*. Trad. Cleone Augusto Rodrigues. Rio de Janeiro: Imago, 1993.

BELLEI, Sérgio L. P. Do texto ao (hiper)texto. In: BELLEI, Sérgio L. P. *O livro, a literatura e o computador*. São Paulo: Educ/Florianópolis: UFSC, 2002.

CERTEAU, Michel de. *A invenção do cotidiano*. 1. Artes de fazer. 9 ed. Trad. Ephraim Ferreira Alves. Petrópolis: Vozes, 1994.

CHARTIER, Roger. *Os desafios da escrita*. Trad. Fulvia M. L. Moretto. São Paulo: Unesp, 2002.

CHARTIER, Roger et al. *Cultura escrita, literatura e história*: Conversas de Roger Chartier com Carlos Aguirre Anaya, Jesús Anaya Rosique, Daniel Goldin e Antônio Saborit. Porto Alegre: Artmed, 2001.

CHARTIER, Roger. *A ordem dos livros*: leitores, autores e bibliotecas na Europa entre os séculos XIV e XVIII. Trad. Mary Del Priore. 2 ed. Brasília: Editora Universidade de Brasília, 1998.

CHARTIER, Roger. *A aventura do livro*. Do leitor ao navegador. São Paulo: Unesp, 1998.

DANZICO, Liz. The art of editing: The new old skills for a curated life. *Interactions*, XVII, 1, jan./feb, 2010. Disponível em: <http://interactions.acm.org/content/?p=1319>. Acesso em: 10 jan. 2108.

EL FAR, Alessandra. *O livro e a leitura no Brasil*. Rio de Janeiro: Jorge Zahar, 2006.

LÉVY, Pierre. *As tecnologias da inteligência*. O futuro do pensamento na era da informática. São Paulo: Editora 34, 1993.

GONZAGA-PONTES, Camila C. *Aguarde mais informações*: Uma análise da webnotícia com base na releitura da estrutura da notícia de Teun van Dijk. Dissertação (Mestrado em Estudos de Linguagens). Centro Federal de Educação Tecnológica de Minas Gerais, 2012.

MAGALHÃES, Flávia Denise Pires de. *Feira de publicações independentes*. Uma análise da emergência desses encontros em Belo Horizonte (2010-2017) e dos eventos Faísca – Mercado Gráfico e Textura (2017-

2018). Dissertação (Mestrado em Estudos de Linguagens). Centro Federal de Educação Tecnológica de Minas Gerais, 2018.

MUNIZ JÚNIOR, José de Souza. *Girafas e bonsais*: editores "independentes" na Argentina e no Brasil (1991-2015). Tese (Sociologia). Universidade de São Paulo, 2017. Disponível em: <http://www.teses.usp.br/teses/disponiveis/8/8132/tde-28112016-103559/pt-br.php>. Acesso em: 16 fev. 2018.

OLIVEIRA, Alice Bicalho de. A independência é um modo de produção. *Em Tese*, v. 22 n. 3 set.-dez, 2016. Disponível em: <http://www.periodicos.letras.ufmg.br/index.php/emtese/article/view/11413/10709>. Acesso em: 17 jan. 2018.

RIBEIRO, Ana Elisa. Palavra & criação, palavra & ação: livro, leitura e escrita em pauta. *Trem de Letras*, v. 3, p. 126-136, 2017.

RIBEIRO, Ana Elisa. Riqueza interdisciplinar e debilidade institucional: consolidação dos estudos de edição na América Latina. Entrevista de José Luis de Diego. *Pontos de Interrogação*, v. 7, n. 1, jan.-jun., p. 177-186, 2017a. Disponível em: <https://www.revistas.uneb.br/index.php/pontosdeint/article/view/3937/2469>. Acesso em: 18 fev. 2018.

RIBEIRO, Ana Elisa. O que é e o que não é um livro: materialidades e processos editoriais. *Fórum Linguístico*, v. 9, p. 333-341, 2012.

RIBEIRO, Ana Elisa. Algunas (In)definiciones del libro en la era digital. In: GARONE, M.; GALINA, I.; GODINAS, L. (Org.). *De la piedra al pixel*. Reflexiones en torno a las edades del libro. 1ed.Cidade do México: Universidad Autónoma de Mexico, v. 1, p. 1-16, 2016.

RIBEIRO, Ana Elisa. Ler na tela - O que é, hoje, um livro? In: MARTINS, Aracy Alves; MACHADO, Maria Zélia Versiani; PAULINO, Graça; BELMIRO, Celia Abicalil. (Org.). *Livros & telas*. 1 ed. Belo Horizonte: Editora da UFMG, v. 1, p. 93-106, 2011.

VAN STEEN, Edla. *Viver & escrever*. Porto Alegre: L&PM, 2008. V. 1, 2, 3.

3. Ler na tela: o que é, hoje, um livro?

O que é um livro?

A técnica da "pirâmide invertida" é ensinada aos jornalistas em formação desde os primeiros anos de faculdade. Segundo Noblat (2003), o *lead*, trecho inicial de uma matéria onde ficam as informações essenciais sobre um fato, chegou ao Brasil na década de 1950, inspirado em um modelo americano de jornalismo. O surgimento e a estabilização da notícia produzida com base nesse parâmetro parece ter sofrido a influência do desenvolvimento de uma tecnologia que mesclava eletricidade e comunicação: o telégrafo.

Esse exemplo é apenas um entre tantos outros que podem ilustrar as relações entre tecnologias, comunicação, sociedade e novas arquiteturas textuais. Temendo que os exemplos sempre dependam de eletricidade ou de plugues, gosto de lembrar que todas as tecnologias anteriores à existência de fios e tomadas também estavam em relação com as pessoas e suas necessidades comunicacionais. Mais do que isso, as tecnologias eram sempre apropriadas por comunidades e passavam a formatar espécies de protocolos de práticas para a comunicação, fosse ela em espaços privados ou públicos.

Talvez seja exagero lançar mão de exemplos de "livros" e "jornais" feitos de tabuletas de cera ou de pedra. Também pode ser dispensável relembrar a comunicação escrita em monumentos e muros, além daquela oralizada em praças públicas. O objeto mais visualizável, pelo qual posso começar, talvez seja o "volumen", também conhecido como "rolo", ou, em grego, o objeto com o mais apropriado e geométrico nome de "kilyndros" (CAMPOS,

1993). Tratava-se, parece, de um artefato feito com matéria-prima animal ou vegetal (couro ou alguma espécie de antecessor do papel). Não raro, vinha com um equipamento para que o leitor o pudesse segurar, em geral, com as duas mãos, uma de cada lado, na horizontal, como é mais comum nas descrições. A letra que fixava o texto era manuscrita, inscrita com ferramentas como penas e marcada com tintas artesanais. Tal objeto em pouco se parece com os livros que sabíamos operar até hoje. Nada de páginas, nada de números ao rodapé, nada de capas, nada de títulos, nada de gestos curtos.

Pouco depois de Cristo, uma transição entre objetos desestabiliza os processos editoriais e, por conseguinte, os poucos leitores de rolos: a invenção do códice. Acostumar-se com páginas e capas não é tão fácil quanto pode parecer a nós. Tratava-se, agora, da possibilidade de produzir ou de ler um livro, ainda feito em suporte animal ou vegetal, cujas *páginas* (coluna de papiro) eram empilhadas e presas por apenas um dos lados. Para segurá-lo era possível usar apenas uma das mãos. A despeito das desestabilidades causadas pelo suporte, a fixação do texto ainda era feita com letra manuscrita e com aqueles mesmos conhecidos materiais e ferramentas. Algo no novo "ambiente de leitura" fazia lembrar a operação com o velho cilindro. Os espantos ficavam por conta dos gestos, dos novos protocolos de leitura, da escrita que tomava, pasmem, os dois lados da página, ela mesma este campo retangular que parecia propor uma nova forma de dispor a mancha gráfica.

A existência do códice ameaçou, deveras, a continuidade do rolo. Hoje, com alguma facilidade, pode-se dizer que isso seja apenas uma constatação, sem margem para discussões apaixonadas. O códice substituiu o volumen. As relações estéticas, éticas, econômicas e sociais que levam a uma substituição como esta, no entanto, são muito mais complexas do que se pode supor. Nosengo (2008) faz um esforço para explicar o que chama de "tecnossauros", apelido carinhoso que poderíamos dar aos rolos de pergaminho.

Estabilizado e aceito o códice, especializados os produtores desse objeto, delimitados seus leitores, ajustados os parâmetros de produção e "usabilidade" desse dispositivo, a Alemanha vê nascer a prensa, máquina mecânica híbrida, entre o carimbo e a ourivesaria, que trataria de tornar mais ágil e precisa a produção de códices. Estampada a página com letra padronizada, costuravam-se os lados e garantiam-se exemplares idênticos, às dezenas. A agilidade da produção permitida pela máquina era somada à existência de um "tipo" de metal, produzido por especialistas em ligas e químicas. Mais do que desestabilizar o modo de fabrico do objeto, essa técnica mecânica retirou da Igreja o conhecimento editorial de até então e levou-o para a "oficina", que nada tinha de sagrado.

Não bastasse o pipocar de oficinas pela Europa e a produção em série das mesmas obras, a Itália fez nascer, em meados do milênio, o códice portátil, verdadeira tecnologia "de bolso" (ou mídia móvel) que provocou, mais do que o barateamento dos livros, sua disseminação e a exposição indiscreta da leitura como ato público. A despeito de haver pouca gente alfabetizada e escolarizada, a cultura escrita passava a ser vista, ao menos na forma de um modelito refilado e costurado, em letras ainda parecidas com as manuscritas. Mais uma vez, o novo objeto demorou a definir uma identidade e se inspirou em projetos anteriores.

Produzido, desde antes dos anos 1000, como códice e, há cerca de 500 anos, por meio da prensa, o livro impresso demorou muito a chegar à materialidade que tem nos anos 1900-2000, sofrendo variações de tamanho, insumo, técnica de impressão, ilustração e durabilidade. Não bastasse esta saga da existência de uma tecnologia que não se tornou um "tecnossauro", o livro chegou aos anos 2000 rico em representações, modos de fazer, modos de operar e de leitores. A proposta atual para essa tecnologia passa, então, mais uma vez, por novas técnicas de produção, máquinas e projetos. Ao leitor também não cabe menos do que a tarefa de reconfigurar suas práticas e os protocolos de leitura que novamente se estabelecerão. Será?

Um projeto gráfico, em 1999, era feito em programas de computador e seus testes eram impressos por meio de impressoras jato de tinta ou laser. Da materialidade pouco se via antes do protótipo quase pronto. Simulações virtuais ganharam o espaço das sequências de provas impressas jogadas no lixo. Isso não há de ser ruim. No entanto, é necessário aprender a avaliar simulações. As cores, as texturas, os efeitos e as dimensões, dentro da tela do computador, não são exatamente o que se verá no papel. É preciso aprender a enxergar e a, de certa forma, antever.

Talvez o leitor não possa sentir a mudança gritante no processo de produção da obra que comprou na livraria virtual, mas poderá se sentir influenciado por detalhes do projeto gráfico que dizem respeito às possibilidades que as tecnologias de impressão e produção gráfica propiciam. Numeração, sumário, índice, paginação, páginas ilustradas, papéis diferenciados, abas e fontes são mapas de navegação disponibilizados pelo designer ou pelo editor.

Passar por desestabilizações, tomar de empréstimo a objetos mais antigos traços estéticos e gráficos, reconfigurar espaços e formas, revisar protocolos de uso e práticas de leitura, rearticular sistemas de produção, fazer simulações e obter produtos redesenhados não é novidade. Talvez essa instabilidade, que só se enxerga pelas lentes da "longa duração"[1], é que mantenha diversificado e vivo o "parque das tecnologias" à disposição do leitor.

O que pode ser um livro?

Instituições e convenções tentam estabilizar modos de produção, desenho e, principalmente, a qualidade de objetos e produtos, especialmente quando eles têm implicações econômicas,

---

[1] A história de longa duração, de que fala Roger Chartier em seus livros.

sociais e para a saúde. Livros poderiam ser tóxicos (como bem lembra um romance de Umberto Eco), mas, em geral, não são. O papel, a tinta e a combinação de ambos não parecem prejudiciais à saúde. O livro não afeta negativamente a sustentabilidade. O papel é degradável e reciclável. Quando se compra um livro, não vêm com ele, acondicionados em plásticos-bolha e caixas de papelão, baterias, carregadores, pilhas, chips, cartões de memória ou qualquer outro dispositivo de que ele dependa para funcionar. Livros não esquentam, portanto não precisam de arrefecedores ou de *coolers*. Livros não dão choque, nem "dão pau". Livros não "executam ação ilegal", não são fechados sem mais nem menos, não acusam "erro 404, Page not found" e nem dependem de software para "rodar".

Muito embora tenham sido padronizados em relação à qualidade do papel, aos tamanhos "econômicos" das resmas de gráfica, às gramaturas e à forma como são costurados, os livros não dependem de decisões empresariais sobre padrões de hardware e software. Os livros não precisam ser trocados de tempos em tempos, assim como suas casas produtoras não costumam ter setor de marketing para controlar a satisfação do usuário e oferecer novas promoções, obrigando-nos a adquirir um produto maquiado para a mesma função, sob o pretexto de uma nova tecnologia revolucionária.

Livros se estragam quando caem na água. Livros não podem ser lidos no chuveiro, equipamentos eletrônicos também não. É improvável, no entanto, que alguém seja assaltado porque anda com um livro embaixo do braço. Livros têm, às vezes, letras pequenas, margens apertadas, e precisam ser "arejados" para que possam dar mais conforto ao leitor. Livros não passam por ostensivos testes de "usabilidade", mas poderiam passar. Livros são pesados e nos fazem facilmente exceder a carga permitida na bagagem de mão das companhias aéreas. Livros são ruins de carregar quando se juntam três, quatro, cinco. Sacolas se arrebentam quando as enchemos de livros. O carro, a casa e as estantes se envergam de tanto acumular livros, que também acumulam poeira, insetinhos e odores. Pequenos aparelhos de tecnologia digital são leves e neles cabem muitos livros juntos. Mas são livros que não são livros. O que são, então, esses objetos? São simulações. São projetos sempre "beta". São softwares que "rodam" em materialidades que não se parecem com livros, mas que se aproximam de telefones, calculadoras ou pequenos computadores. Livros de papel são suportes específicos. Qual é a função de um livro? Uma só. Qual é a função de um computador? Uma delas, entre tantas, pode ser a de parecer um livro. Portátil? Nem sempre. Livros de papel já eram mídias móveis. Os italianos já sabiam. Uma peça *mobile* (em italiano, móbile) inspirou o *mobile* (leia-se mobaiou) das tecnologias americanas.

Segundo a Unesco, livro é "uma publicação impressa não-periódica com no mínimo 49 páginas envolta por capas, publicada em um país e disponibilizada ao público"[2]. Objetos com menos de 49 páginas são panfletos, que devem ter mais de cinco páginas, também entre capas. O que se quer dizer com isso? Que capas são definidoras de livros? Que esses objetos são impressos? Que devem ter origem em algum país? O que serão esses objetos virtuais com os quais estamos tendo contato agora? Mesmo entre os impressos encapados, o que são os panfletos infantis? Desolador saber que meu filho ou meu sobrinho só colecionaram panfletos, até hoje.

Como se produz um livro virtual? Que propostas ele traz ao leitor que o manipulará? O que é um livro, hoje? Quanto pesa

---

[2] **Book:** Non-periodic printed publication of at least 49 pages exclusive of the cover pages, published in the country and made available to the public. **Pamphlet:** Non-periodic printed publication of at least 5 but not more than 48 pages exclusive of the cover pages, published in the country and made available to the public. Disponível em <http://www.uis.unesco.org/ev.php?ID=5096_201&ID2=DO_TOPIC>. Acessado em 10 de outubro de 2009.

um livro, em gramas ou em kbytes? Como um livro se difunde, pela terra ou por meio de cabos? Quantos leitores alcança uma edição de bolso de um livro da moda? E quantos leitores alcança a versão digital, em CD-rom, ou o aplicativo para "rodar" no Kindle? Quando compro um livro, adquiro o software e o hardware de uma só vez. No entanto, não se pode recarregá-lo com outros softwares. Livro não-regravável. O que outros objetos simuladores me oferecem? Recargas supostamente infinitas de softwares diversos. No mesmo aparelho, se a Sony ou outra marca deixar, posso ler *Harry Potter*, inclusive com faixa bônus, *O senhor dos anéis*, com direito à visualização dos personagens, e alguma edição de *Dom Casmurro*, para o vestibular, com acesso a anotações de professores especialistas. Quem sabe o livro digital se conectará à web? Que potencial isso terá? Livros com kits de conexão. Compre o dispositivo (sem software) e ganhe um *modem* portátil da sua operadora de telefonia celular. Seu arquivo está corrompido. Antes de virar a página, aperte ctrl+alt+del. Piscou. O que foram os palimpsestos? Livros com textos apagados para ceder lugar a outros textos. Raspagem de dados que deixam rastros. Livros feitos de textos sob e sobre textos. Para revelar os rastros do livro digital será preciso chamar um especialista. Deletei minha versão de *Em nome da rosa* sem querer. Compro-a novamente? Agora com direito a carregador ecológico. Alguém tem uma tomada de 120v? A do hotel é 220v. Queimei meu livro e dizem que a assistência técnica é em São Paulo. Será que seu carregador é igual ao meu? É que meu livro vai descarregar, ouça o barulhinho de aviso. Bem no meio do capítulo. Preciso trocar a placa-mãe do meu livro. Ele dá um estalo quando eu ligo. O que é a capa de um livro digital? Capas em Flash deixam a gente impaciente. Ainda bem que tem a opção de "pular a abertura". Dispositivos para ler livros digitais terão apenas essa função? Ou poderemos também telefonar e ouvir recados neles? Quem sabe guardar os comentários de outros leitores e enviar a avaliação para a editora? Livros são feitos para que o leitor leia páginas. Ou livros são feitos para serem lidos em telas que imitam páginas? Apertar o ON, aguardar a inicialização do software, clicar em > para avançar, < para voltar, ≥ para pular ou avançar capítulos. Para parar, dê uma pausa em =. Verificar se o livro está desligado antes de colocá-lo entre os de papel. Manter fora do alcance de crianças. Manter em local fresco e seco. Consumir em uma semana após aberto. Ou comprarei outro tipo de armazém para eles? Estamos falando de livros, afinal? Ou de um novo objeto que, por razões ainda inexplicadas, terminou por, inoportunamente ou oportunisticamente, herdar esse nome? Quem se apropriará primeiro dessa nova possibilidade? Quem serão os especialistas na produção deste objeto? Engenheiros e webdesigners? Os artistas estarão, mais uma vez, na linha de frente das experimentações? Livros digitais serão, mais uma vez, objetos para pessoas economicamente privilegiadas? Se, conforme define a Unesco, os elementos que caracterizam o livro são sua materialidade e sua disponibilidade (páginas, capas e publicação), que objetos são estes que ora se apresentam a nós para a leitura? Um PDF do *Sherlock Holmes* baixado em um aparelho celular torna o telefone um livro? Nos séculos imediatamente anteriores ou posteriores a Cristo, os leitores (poucos, que fossem) chamariam o códice de rolo? Teriam tratado o objeto de folhas empilhadas com que nome? A relação de definição e caracterização de suportes por textos feitos *para* eles e vice-versa é complexa, como sabemos. O computador, seja ele um objeto de mesa ou um *notebook*, é, no máximo, segundo a descrição de Teberosky e Colomer (2003), um portador de textos, que são um dos elementos que podem aparecer ali naqueles *displays*. Se o fato de um texto ser um romance caracterizasse um livro teríamos problemas com a transição desse gênero, em seus capítulos, das páginas dos jornais no século XIX para os códices feitos em oficinas.

Interação e interatividade

Um dos argumentos mais utilizados para se vender objetos de leitura/entretenimento na atualidade é a existência de uma dita "interatividade" (WOLTON, 2004). Na descrição desses objetos, promete-se a possibilidade de clicar (com a mediação de um mouse, caneta, teclado ou diretamente com os dedos), arrastar, soltar, recortar, colar, manipular virtualmente, etc. Não é tão diferente com o livro digital, que poderia ser até mesmo alterado e, em alguns casos, escrito colaborativamente.

O pressuposto de muitos discursos sobre a interatividade nos novos objetos de ler é de que livros de papel não eram interativos. Antes disso, que o leitor era passivo diante do que ali ia escrito, além de ser passivo em relação ao projeto de navegação, que, para alguns, sequer existia. Dizem que o leitor de objetos de papel só poderia ler de cá para lá, do começo ao fim, passando pelo meio, sem qualquer liberdade de movimentação, algo que (essa liberdade), presume-se, possa ser assegurado por objetos de tecnologia digital.

Interagir com o texto não é apanágio de dispositivos digitais de leitura. Não são necessários financiamentos públicos para extensas pesquisas que concluam isso. Qualquer leitor aprende ao ler, lendo ao mesmo tempo que opera o objeto de ler, acionando habilidades de leitura que tenha desenvolvido ou que passe a desenvolver, a depender da complexidade da tarefa. Leitores inferem, deduzem, completam, vão e voltam, "levantam a cabeça" (como bem disse Roland Barthes), rabiscam (mesmo clandestinamente), subvocalizam, aumentam ou diminuem o ritmo, têm sono, retomam inícios de narrativas (lembro de ter de fazer isso com *Cem anos de solidão*, para não me perder nos Aurelianos), leem apenas as conclusões (para julgar se devem ou não ler a íntegra ou apenas para trapacear professores e vestibulares), emendam trechos e anotam citações que consideram interessantes. A série de gestos que o leitor sempre fez é infinita. A lista de possibilidades dos textos também o é. Virgilio Almeida, professor do Departamento de Ciência da Computação da UFMG, mostrava a centenas de pessoas, em sua conferência no III Encontro Nacional sobre Hipertexto[3], como Jorge Luis Borges propusera uma série de tecnologias do texto e da leitura hipertextuais, tudo em livros impressos. Almeida (2009) fazia os mesmos comentários em relação a Bioy Casares. Curiosamente, um elemento da leitura tão elementar para, por exemplo, os psicolinguistas parece tão inoperante ou impermeável a outras categorias de estudiosos (ainda bem, não para o prof. Virgilio).

Interagir diretamente ou sob mediação é possibilidade evidente, quase uma *affordance* dos textos e objetos, desde que as pessoas conversam e desde que usam materiais para escrever e ler. Desde os jornais, as revistas (principalmente estas, que mudaram o modo de fazer jornais) e os livros, especialmente alguns tipos mais explícitos deles, como enciclopédias e almanaques. Quando é que revistas são livros? A maior parte das revistas científicas não se parece em nada com revistas, nem em seus modos de produção editorial, nem em seus projetos gráficos.

Interatividade é abrir e clicar? Interatividade é poder alterar o estado de um objeto ou o meu estado? Se eu clico, os personagens se movem. Se eu não clico, quer dizer que não me movo também? Primo (2000) propunha a existência do que ele chamava de "interação mútua" e "interação reativa". No primeiro caso, uma interação de mão dupla, com alterações de parte a parte. No segundo caso, o simples reagir a uma provocação ou a uma ação. Clicar para virar a página é reativo. No entanto, esse tipo de proposta leva em consideração apenas os produtos ou objetos

---

[3] A conferência do prof. Virgilio Almeida ocorreu na manhã do dia 30 de outubro de 2009, no campus II do Centro Federal de Educação Tecnológica de Minas Gerais, CEFET-MG. Na exposição, o professor demonstrou, com cálculos numéricos, que o universo informacional da biblioteca descrita por Borges é muito maior do que o que os físicos estimam que seja o tamanho do universo em que vivemos. Virgilio enfatizou também a importância de se considerar que o mundo não se restringe ao que está digitalizado.

com os quais um leitor/receptor quer interagir, de acordo com a conformação do objeto. Leitores de fato clicam porque há diante deles objetos projetados para serem clicáveis, certamente, no entanto, leitores clicam porque querem ler o que há adiante. E se não for algo de interesse, suficientemente bom, mesmo que haja belos botões e telas de tecnologia *touch screen*, o leitor não mais clicará e, assim, abandonará o dispositivo.

Interatividade é um procedimento que máquinas permitem. Máquinas mecânicas, e não apenas as digitais. Painéis de carro permitem interatividade, assim como cabines telefônicas. Interações estão na fundação do universo da comunicação, tanto no século II d.C. quanto em 2009. Ler é interação. Operar objetos é, em qualquer medida, interatividade. Livros que têm páginas são interativos, até mais do que seus antecessores rolos. Livros que têm botões são a sucessão dos objetos encapados que conhecíamos tão bem. É impossível ler sem colocar em ação (ou interação) processos e processamentos que conectam dizeres e objetos. Se eu clicar, abrir um software chamado *Harry Potter* e passar a lê-lo, precisarei de ambas as coisas. O mesmo se meu *Harry Potter* for de papel.

O que se quer mesmo dizer? Que não há qualquer novidade em nosso horizonte e que o leitor em nada mudou? Não. Quer-se dizer que o leitor tem novas possibilidades de leitura, em novos dispositivos, mesmo que estes não sejam exclusivos para o suporte de textos. E quer-se dizer que novas aprendizagens são necessárias, tanto na produção quanto no consumo desses livros, da mesma forma que em outras épocas, no entanto, admita-se, em escala maior, já que o número de alfabetizados, letrados e consumidores de todo tipo de livro nunca foi tão grande em toda a história da humanidade.

Quem começa?

Os artistas estiveram envolvidos na formulação de novos usos para várias novas técnicas e tecnologias. Para poetas e escritores, nem sempre novos dispositivos foram confortáveis ou viabilizaram a criação, a circulação e a distribuição de suas obras. Para McLuhan (1969, p. 34), por exemplo, "O artista sério é a única pessoa capaz de enfrentar impune a tecnologia, justamente porque ele é um perito nas mudanças da percepção". Não é de hoje que a poesia, por exemplo, "estuda" novos movimentos, plasticidade, sintaxe, legibilidade. Mais acomodável a certas mídias do que a outras, o conto saiu do papel e reduziu-se ao mínimo texto, com o máximo de compactação semântica, para ser lido por um leitor que navega e se cansa de pequenas telas. O romance se insinuou como e-book. E, juntamente com isso, todas as manobras e reengenharias de objetos de comunicar, ler e escrever se transformam e propõem mudanças a escritores, editores, leitores e programadores visuais.

O que determina maior ou menor valor aos textos em dados suportes nem são tanto as técnicas, mas a cultura da sociedade, que valoriza um dispositivo mais do que outro. Assim, continua sendo prioritário para um escritor publicar um livro de papel do que um e-book. Talvez porque ao último ainda faltem história, conforto e, importante, leitores. Se o livro manteve-se, ao longo dos séculos, embora não no mesmo formato, como o espaço do arquivamento das obras literárias (apenas para recortar um domínio) e o papel foi o suporte das invenções em três dimensões, a contemporaneidade sugere outros aparatos para onde migrar, por exemplo, o texto poético. A partir dessa vontade, leitores, poetas e editores necessariamente devem repensar o texto, o espaço, mas, principalmente, a circulação, assim como fizeram leitores e editores de outros tempos e espaços.

Do ponto de vista da autoria, especialmente hoje, quando o autor é mais conhecido do que a obra (BABO, 2005), é preciso atender muito mais à circulação do texto e da obra do que à sua posse, até mesmo em relação ao direito e aos eventuais ganhos financeiros de autor e editor.

Novas equipes editoriais, mais uma vez multidisciplinares, refazem e redimensionam tarefas que darão obras à publicação. Repensam o texto, os espaços e aprendem novas possibilidades. Editores e transmissores reveem sua relação com o escritor e com o usuário, agora um leitor que deixa rastros rápida e indiscretamente mensuráveis, preferências e gostos. Para saber o trajeto de preferência do usuário, monitorar sua navegação e seus gostos, o livro era bem mais discreto.

Mais uma vez repetindo histórias, o escritor se vê obrigado a trabalhar em equipe. Há séculos foi apenas o mentor das obras, dependendo de um escriba que lhe fazia o trabalho braçal e menos digno de escrever de próprio punho. Mais tarde, apropriou-se dos meios de dar à luz a criatura. Moveu, ele mesmo, além dos neurônios, as mãos. Ainda depois, passou "do dátilo ao dígito" (CASA NOVA, 1999), em alguns casos via mimeógrafo e fotocópia, dependeu de artefinalistas e gráficos para, agora, ter, ao mesmo tempo, a possibilidade de criar, editar, diagramar e enviar para a impressora, mas também depender de programadores, técnicos informáticos e distribuidores.

Para uso da cultura, no entanto, ainda não estão resolvidos os formatos mais confortáveis para um leitor de *displays* como estes, pequenos, portáteis, iluminados, pouco padronizados. Ainda: um leitor em trânsito, disposto a navegar, a ler como se jogasse videogame. Leitor de microtelas, escritor de teclados, três letras por tecla, usuário dos códigos de concisão e abreviação herdados da web, especialmente nos chats e messengers.

Quem é o leitor de novas mídias? O que esse sujeito alfabético lê? Em que outros dispositivos de leitura ele ancoraria suas experiências para se tornar um novo leitor de telas? Por quanto tempo seu visor fica aceso? Quantas linhas cabem na tela? E quantas letras por linha em seu aparelho? Preto-e-branco ou colorido? Com que resolução? Quais são as metáforas do *display*? Como o novo leitor navega? Com que hábitos? A partir de que experiências compreende os sentidos de um texto? Que presenças e que ausências o desorientam?

Calvino descreve um hipertexto (na acepção que tem sido mais comum entre os estudiosos desta textualidade, como Lévy, por exemplo) quando diz que

> (...) quem é cada um de nós senão uma combinatória de experiências, de informações, de leituras, de imaginações? Cada vida é uma enciclopédia, uma biblioteca, um inventário de objetos, uma amostragem de estilos, onde tudo pode ser continuamente remexido e reordenado de todas as maneiras possíveis. (CALVINO, 1990, p. 138)

Das reorganizações que o texto e o objeto podem sofrer, talvez seja razoável esperar que novos "livros" surjam, com novas propostas para o consumo. Ao que parece, desde Manuzio, a ideia é projetar uma espécie de "livro de bolso", no qual caberão tantas obras quantas se quiser, dependendo do número de downloads que o leitor puder executar, o que não dispensa todos os trajetos e navegações do códice tradicional e uma bela carreira de leitor ativo.

Referências

ALMEIDA, Virgílio Fernandes. In Search of Models and Visions for the Web Age. *Interactions*, ACM, p. 44-45, set./oct. 2009.

BABO, Maria Augusta. O autor na escrita digital, 2005. (Mimeogr.)

CALVINO, Ítalo. *Seis propostas para o próximo milênio*. Trad. Ivo Barroso. São Paulo: Companhia das Letras, 1990.

CAMPOS, Arnaldo. *Breve história do livro*. Porto Alegre: Mercado Aberto/Instituto Estadual do Livro, 1994.

CASA NOVA, Vera. Errâncias poéticas à la brasileira. In: *Aletria. Revista de estudos de literatura*, Belo Horizonte, Faculdade de Letras da UFMG, n. 6, 1999.

FURTADO, José Afonso. Livro e leitura no novo ambiente digital, 2002. Disponível em: <http://www.educ.fc.ul.pt/hyper/resources/afurtado/index.htm>. Acessado em 27/8/2009.

IBGE - Instituto Brasileiro de Geografia e Estatística. *Acesso à Internet e posse de telefone móvel celular para uso pessoal*. Pesquisa nacional por amostra de domicílios 2005. Rio de Janeiro: IBGE, 2007.

MCLUHAN, Marshall. *Os meios de comunicação como extensões do homem*. Trad. Décio Pignatari. São Paulo: Cultrix, 1969.

NOBLAT, Ricardo. *A arte de fazer um jornal diário*. 3 ed. São Paulo: Contexto, 2003. (Coleção Comunicação)

NOSENGO, Nicola. *A extinção dos tecnossauros*. Trad. Regina Silva. Campinas, SP: Unicamp, 2008.

PRIMO, Alex. Interação mútua e reativa: uma proposta de estudo. *Revista da Famecos*, n. 12, p. 81-92, jun. 2000.

SATUÉ, Enric. *Aldo Manuzio*. Editor. Tipógrafo. Livreiro. São Paulo: Ateliê Editorial, 2004.

TEBEROSKY, Ana; COLOMER, Teresa. *Aprender a ler e a escrever*. Uma proposta construtivista. Trad. Ana Maria Neto Machado. Porto Alegre: Artmed, 2003.

WOLTON, Dominique. *Pensar a comunicação*. Trad. Zélia Leal Adghirni. Brasília: Editora Universidade de Brasília, 2004.

4. O que é e o que não é um livro: materialidades e processos editoriais

Os processos editoriais para produção de livros impressos passaram por mudanças importantes nas últimas décadas. Além disso, a produção de e-books (livro eletrônico) também cresceu, por meio de um processo editorial que gera um produto novo em diversos aspectos, embora sua matriz ainda seja o livro tradicional. Não raro é possível encontrar relatos que descrevem a produção e a edição de livros eletrônicos que em muito lembram a produção dos impressos, exceto por uma etapa final diferenciada (nos aspectos do produto, da distribuição, do marketing e da logística).

A despeito de serem produtos diversos, que ensejam experiências de edição e de leitura também diferenciadas, os e-books ainda não encontraram um espaço definido e definitivo nas redes de edição. Neste trabalho, propõe-se uma discussão sobre os e-books e os livros impressos como produtos marcados não apenas por processos editoriais ao menos parcialmente diferenciados, mas por definições especializadas que levam em conta diversos aspectos do objeto. Além disso, noções como a de suporte[1] e a de prática de leitura ajudam a tratar aspectos do modo de ler que estão em evidência quando se fala em livros e em e-books.

O objetivo deste trabalho é discutir o livro em relação ao produto digital que se pode ler em diversos tipos de *players* (celulares,

---

[1] Certamente, este é um conceito que merece discussão e aprofundamento, no entanto, não é o objetivo deste trabalho tratar do suporte com mais vagar. Outros autores o fizeram, sendo um deles Távora (2008).

tablets, computadores etc.) e os critérios que têm sido empregados para se apontar o que seja um livro não como conteúdo, mas como tecnologia. Neste caso, a atenção recai sobre definições institucionais, muitas das quais guiam até mesmo políticas do livro e da publicação ao redor do mundo; ou funcionam como critérios para países inteiros, como é o caso da Unesco.

Livro

Embora pareça corriqueiro lidar com livros, ao ponto de também parecer desnecessário pensar sobre eles, faz-se aqui um convite a um passeio pelas definições de livro que vêm sendo oferecidas por autores e instituições, nos últimos tempos. De tão integrado ao regime cultural em que vivemos, o objeto tornou-se transparente, como ocorre a outros "fatos sociais". Bahloul (2002), em um estudo sociológico sobre o que chama de "pouco leitores" (na França), persegue as definições de livro que emergem de representações que as pessoas constroem socialmente sobre o objeto. Conforme seus resultados, para os franceses que leem pouco, livros são objetos cujas dimensões definidoras são: material, gráfica, de gênero e de autor. Basicamente, a dimensão material diz respeito ao fato de o livro ser um objeto impresso, graficamente produzido sob encadernação (e não qualquer uma), prioritariamente ligado a gêneros literários e escrito por autor conhecido e respeitado. Bahloul analisa, com detalhe, essa representação, algo que não faremos aqui, mas seus resultados nos oferecem a oportunidade de comparar as práticas sociais e as definições institucionais de um objeto tão caro à nossa cultura.

Vejamos algumas definições/descrições do objeto livro e passemos, então, a uma breve revisão dos elementos que estão em jogo em seu enquadramento.

A Unesco (Organização das Nações Unidas para a Educação, a Ciência e a Cultura) trabalha com a seguinte descrição do objeto livro, já citada neste volume: "Publicação não-periódica impressa de no mínimo 49 páginas, além da capa, publicada no país e disponibilizada ao público"[2]. Afora os objetos que se enquadrem nessa descrição, um tanto objetiva, os demais serão considerados folhetos.

Faria e Pericão (2008), em seu importante *Dicionário do Livro*, oferecem, além do verbete "livro", centenas de outros adjetivados (p. ex. livro de horas, livro bifoliado, livro de tabuinhas, entre outros). São doze páginas de verbetes, além da definição geral (com um desenho esquemático das partes formais do livro):

> Conjunto de cadernos, manuscritos ou impressos, costurados ordenadamente e formando um bloco • obra, científica ou literária, que forma ou pode formar um volume • cada uma das partes principais em que se dividem os textos dos livros • documento impresso ou não-impresso • transcrição do pensamento por meio de uma técnica de escrita em qualquer suporte com quaisquer processos de inscrição. O livro supõe um suporte, signos, um processo de inscrição, um significado. Integra-se num processo de criação, reprodução, distribuição, conservação e comunicação. Dirige-se a um leitor, possui uma finalidade: a reflexão, o ensino, o conhecimento, a evasão, a difusão do pensamento e a cultura • segundo a agência portuguesa para o ISBN (International Standard Book Numbering), é toda publicação não-periódica com um mínimo de quarenta e cinco páginas e que esteja sujeita a depósito legal • segundo a ISO (International Standard Organization), é publicação impressa não-periódica, com mais de quarenta e oito páginas, sem incluir as da capa, que constitui uma unidade bibliográfica; monografia • exemplar a partir do qual o editor faz a impressão. (FARIA; PERICÃO, 2008, p. 458-459)

---

[2] "Non-periodic printed publication of at least 49 pages exclusive of the cover pages, published in the country and made available to the public." Em <http://www.uis.unesco.org/ev.php?ID=5096_201&ID2=DO_TOPIC>. Acesso em: 9 jun. 2011.

Na mesma obra, o "livro da era digital" aparece com indicação dos verbetes "CD-Rom", "CD-áudio", "e-book", "livro *on-line*". O verbete central é "livro eletrônico", que assim descreve o novo objeto: "Aquele em que as palavras ou códigos foram substituídos pelos de uma outra linguagem ou código legível por máquina. Surgiu como alternativa ao livro, texto e documento em suporte papel. Usa-se por oposição ao livro impresso" (FARIA; PERICÃO, 2008, p. 467). E, no verbete *"electronic book"*: "em português, livro eletrônico, versão digital de um livro, artigo ou outro documento • aquilo onde ele se lê, isto é, um computador pessoal, de mesa ou portátil, *palm size* ou um *dedicated eBook reader*" (FARIA; PERICÃO, 2008, p. 473).

A *Enciclopédia INTERCOM de Comunicação* (Intercom, 2010, p. 767) traz, no verbete "livro", uma série de abordagens sobre o objeto. Segundo a definição, "A palavra *livro* é usada para designar tanto uma criação espiritual quanto um objeto, tanto um conteúdo intelectual quanto o seu suporte material". Albert Labarre é citado para se tecer uma referência aos aspectos do livro que devem ser levados em conta: suporte de escrita, "difusão e conservação de um texto" e portabilidade. Quanto aos formatos, são mencionados o rolo, o códex (cadernos) e o digital[3]. No verbete, Roger Chartier é evocado para se fazer referência ao fato de que as transformações do rolo ao códex não alteraram, em linhas gerais, a estruturação do livro. Isso só ocorreu mais recentemente, com a opção de se ler o "livro" em um display diferente do códex, por exemplo, um tablet.

O *Glossário de termos de edição* de Queiroz (2008) traz um verbete "livro" que aponta o vocábulo de origem greco-latina

---

[3] É interessante notar que o caso do digital é diferente da relação entre rolo e códex. O digital não é um formato, no mesmo sentido que os anteriores. O digital é uma tecnologia, ele está na base da existência de algum formato. Este, por sua vez, no digital, depende do formato do dispositivo que carrega o software.

e apresenta formatos e materiais com os quais o objeto já foi produzido ao longo da história. O livro moderno, "a partir da invenção da tipografia" (p. 15), é descrito como "uma reunião de folhas dobradas, reunidas em cadernos colados e costurados uns aos outros, em branco, manuscritas ou impressas", com um revestimento que poderia ser encadernado ou brochura.

O *Glossário* alerta que o livro não deve ser reduzido "ao conceito de registro da palavra escrita, pois, nas sociedades orais, por exemplo, os anciãos são como livros ambulantes, que conservam a memória daquela comunidade" (p. 15). Mais adiante, tratando da atualidade, a obra afirma que "o livro impresso tem sido gradualmente substituído por dispositivos informatizados de leitura, por *livros-máquina* ou *livros eletrônicos interativos* que navegam em cabos telefônicos ou ondas hertzianas. Digitalizados e armazenados em CD-Roms ou em imensas memórias on-line, ainda sobrevivem paralelamente às suas edições eletrônicas". Queiroz (2008) cita Arlindo Machado, para quem livros são quaisquer dispositivos que gravem, fixem ou memorizem, para uma civilização, o conjunto de seus conhecimentos para a posteridade, incluindo-se descobertas, sistemas de crenças e "voos da imaginação".

A obra *A construção do livro*, de Araújo (1986), é considerada fundamental para a área de editoração. Nela, o autor aborda diversos aspectos do tratamento editorial e, ao tratar dos formatos, afirma que "Os suportes de escrita que, direta ou indiretamente, influíram na disposição da página impressa, adotaram sempre a forma retangular vertical, i. e., a largura menor que a altura" (ARAÚJO, 1986, p. 415). Nesse aspecto, pode-se pensar numa aproximação física que ainda persiste em relação aos modernos *players* de toda espécie. Segundo Araújo, essa preferência de formato deve-se a uma analogia com as proporções áureas do corpo humano. O papiro, o pergaminho e o papel são discutidos como matéria que daria forma ao livro, com seus limites e suas possibilidades. Quanto aos tamanhos, Araújo (1986) menciona aqueles relativos às dimensões médias do manuscrito no século XV, na Europa (em centímetros): In-plano (28 x 40), In-folio (20 x 28), In-4º (14 x 20) e In-8º (10 x 14). E, nos impressos, In-plano (entre 32 x 44 e 36 x 48), In-folio (entre 22 x 32 e 24 x 36), In-4º (entre 16 x 22 e 18 x 24) e In-8º (entre 11 x 16 e 12 x 18).

Novos tipos de impressão, criados ao longo dos séculos, trazem novas propostas de formatos-padrão, assim como novas propostas de *grids* alteram a visualidade do livro. São testadas e propostas proporções e diagramas que se ajustam à página e à experiência da leitura. Araújo (1986, p. 430) fala em "radicais inovações", em um objeto que "ganhava personalidade" (o impresso, no caso) e em um "esquema construtivo" do livro.

Em outro clássico, *A forma do livro*, Jan Tschichold (2007) opera uma concepção transparente de design, defendendo que "o designer do livro deve ser um servidor leal e fiel da palavra impressa". Para o autor, deve-se "criar um modo de apresentação cuja forma não ofusque o conteúdo e nem seja indulgente com ele". Importa também que, em meados do século XX, Tschichold ensinava que "o trabalho do artista gráfico deve corresponder às necessidades da época" (p. 31). Na Apresentação ao livro, Robert Bringhurst (in TSCHICHOLD, 2007, p. II) aproxima épocas e tecnologias: "Agora que o chip de silício se juntou à roda, à alavanca e ao plano inclinado, a tipografia é também escrita informatizada, digitalizada; mais complexa do que era, mas não mais profunda; e, talvez, cada vez mais sujeita à moda".

Richard Hendel (2003) também trata do que chama de "a arte do invisível" quando aborda o design do livro (alusivamente à "arte negra", como é conhecida a impressão), defendendo um lugar distinto para o design deste objeto. E mais: advogando uma espécie de coautoria do designer em relação ao objeto de ler, já que "sua forma física, assim como sua tipografia, também o definem. Cada escolha feita por um designer causa algum efeito sobre o leitor", podendo ser esses efeitos radicais ou sutis.

Haslam (2006) responde à questão "O que é o livro?" com suas aplicações no passado, no presente e no futuro[4]. Para o autor, é "a mais antiga forma de documentação" (p. 6), sendo o que "armazena o conhecimento, as ideias e as crenças do mundo". O objeto de mais de 4 mil anos merece definições, descrições históricas e debates. Segundo Haslam (2006), a palavra livro teria origem no vocábulo *bok* (saxão e germânico), cuja tradução aproximada seria "tábua/tabuleiro/quadro/prancha para escrever" (*a board for writing*), enfatizando seu aspecto de suporte. A definição assumida pelo autor, após a análise de várias outras, é assim formulada: "Um recipiente (contêiner) portátil que consiste de uma série de páginas impressas e limitadas que preservam, anunciam, expõem e transmitem conhecimento a um leitor alfabetizado ao longo do tempo e do espaço".

Finalmente, assumindo aspectos do livro como embalagem, navegação e estrutura, a obra *O livro e o designer*, v. 1, de Fawcett-Tang (2007), afirma as mudanças tecnológicas pelas quais esse objeto vem passando ao longo dos séculos, inclusive na mesma proporção que qualquer outro produto. A aura sacralizada atribuída ao livro, em muitos trabalhos, cede espaço a uma discussão sobre o livro como tecnologia e como interface.

Mais recentemente, Eco e Carriere (2010) e Darnton (2010) publicaram obras no Brasil em que discutem questões do livro, especialmente em relação às tecnologias digitais que os acomodam. Chartier (1998; 2000; 2002), também na esteira dos debates da história cultural, aponta, em diversas obras, a necessidade de que se trate o livro e suas configurações como algo importante para se pensar o leitor, as práticas de leitura e as relações presentes e futuras com os objetos de ler.

Com foco no presente, Procópio (2010) aborda processos de edição e distribuição especialmente voltados aos livros digitais,

---

[4] Debati uma resposta a essa mesma pergunta no texto "Ler na tela. O que é, hoje, um livro?", que consta neste volume.

incluindo-se descrições e defesas dos *players* e seus modelos, compatibilidades e vantagens.

Os dispositivos de leitura e a experiência do leitor parecem ter papel fundamental na proposição de um processo editorial para livros eletrônicos. Questiona-se aqui se, sendo os processos editoriais de livro impresso e e-book em parte diferenciados, além de terem e propiciarem formato e experiências bastante diferentes, caberia considerar o livro apenas como metáfora do novo produto editorial produzido para ser lido em novos dispositivos. Se os gêneros de texto inscritos são os mesmos, os objetos não o são, cabendo afirmar que o que caracteriza um livro não são, necessariamente, os gêneros que se publicam nele, mas outros elementos, como se verá adiante.

Suporte, portador, tecnologia

Em vários casos, as definições de livro o consideram suporte. Em outros, o material que confere materialidade ao objeto é que é considerado o suporte (papiro, cera, papel, tela (?), etc.). No discurso comum, o livro é tomado como um objeto monolítico, muitas vezes quando se quer atribuir mais valor aos novos dispositivos usados para carregar e expor livros. É importante frisar, no entanto, que o livro é uma tecnologia sócio-historicamente situada, como todas, aliás. Conforme suas configurações, certos gêneros de texto (ou mesmo gêneros no sentido literário) são ali inscritos. Romances, contos, poesia, verbetes, versículos, receitas culinárias, orações, imagens, crônicas, frases, jogos, etc. podem ser inscritos em livros, com usos presumidos bastante diversos, assim como projetos gráficos menos ou mais ajustados à proposição de uma experiência de leitura ou outra.

Marcuschi (2003) propõe uma discussão sobre o que são suportes e elabora sua definição, segundo a qual todo gênero se realiza em um suporte, portanto, o suporte seria condição importante (mas não suficiente) para a existência de dado gênero.

Aponta-se também a interinfluência entre gênero e suporte, sendo que, em medidas diferenciadas, gêneros definem suportes e/ou vice-versa.

O conceito de suporte oferecido por Marcuschi (2003, p. 11) toma-o como um "lócus físico ou virtual", cujo formato é "específico", "que serve de base ou ambiente de fixação do gênero materializado como texto". Para o autor, o "suporte de um gênero é uma superfície física em formato específico que suporta, fixa e mostra um texto" (MARCUSCHI, 2003, p. 11). Essa definição (entre outras também interessantes) é discutida por Távora (2008), em sua tese de doutorado. Este autor propõe o suporte como uma "entidade mediadora de interação" (TÁVORA, 2008, p. 65), aspecto que considera mais produtivo, "uma vez que, em função da tecnologia criada para interação, determinadas características circunstanciais podem interferir na constituição e mesmo na materialização da textualidade"[5].

A inter-relação gênero/suporte, que já não parecia facilmente explicável nos impressos e manuscritos, torna-se agora mais complexa com o surgimento de novos ambientes nos quais inscrever ou mostrar textos. Simplificadamente, Teberosky e Colomer (2003) propõem uma diferenciação entre suporte e portador. Estes seriam espaços não exclusivamente dedicados à inscrição de textos, enquanto aqueles teriam o fito exclusivo de fixar ou expor textos. Seguindo essa lógica, livros seriam suportes. Mas o que é um livro, em tempos de telas e dispositivos obsolescentes que atuam como portadores? Que elementos concorrem para que um livro seja o que é, mesmo se perderem as características físicas que os configuravam até meio século atrás?

---

[5] Elementos da textualidade e da tecnologia nos e-mails são analisados por Assis (2002; 2002a). Ribeiro (2009) e Ribeiro (2010) trabalham com a relação entre textos e suportes, considerando a "transposição" como um problema editorial. Tavares (2011) apresenta um estudo sobre a "transposição" de textos do gênero reportagem na relação impresso, web e *mobile*.

Os elementos do livro, por definição

As definições de livro anteriormente citadas não exaurem as descrições ou as possibilidades do objeto, isso é certo. No entanto, especialistas e instituições consagrados foram selecionados para esta discussão. Com base neles (assumindo a insuficiência disto), apresento uma sumarização dos aspectos mais salientes dessas definições, aspectos esses que se coordenam para enquadrar e caracterizar o objeto livro:

QUADRO 1. Sumário dos elementos levados em consideração em definições de livro.

	Periodicidade	Processo de produção/natureza tecnológica	Volume	Acesso público	Formato	Partes constituintes	Gênero de texto	Finalidade	Portabilidade
UNESCO	x	x	x	x	x	x			
Faria e Pericão		x	x		x	x	x	x	
ISBN	x		x						
ISO	x	x							
Intercom					x			x	x
Glossário Ed.		x			x	x			
Arlindo M.								x	x
Araújo		x			x	x			
Tschichold					x		x		
Hendel					x				
Haslam					x	x		x	x
Fawcett-Tang						x			

Fonte: Autora.

O quadro permite visualizar alguns elementos mais salientes nas definições de livro feitas pelos especialistas e instituições arrolados para este trabalho. O formato, seja em relação a tamanho, formas, dimensões ou partes constituintes, é o mais mencionado, estando em quase todos os autores.

Elementos como a periodicidade ou a portabilidade são os menos levados em conta, sendo que a primeira característica só é mencionada por instituições cujo objetivo é padronizar, de alguma maneira, o objeto livro. Para a Unesco ou para reguladores como o ISBN e a ISO, apenas obras não-periódicas são livros, em contraposição a revistas, jornais e outros periódicos.

Apenas a Unesco explicita a relação entre o livro e a publicação. Para os demais autores, não parece haver relação direta entre o objeto e seu acesso, ou talvez essa relação seja pressuposta.

É interessante comentar a natureza tecnológica do objeto como elemento de sua caracterização. Grande parte dos autores explicita essa relação. Para a Unesco, livros são impressos, o que parece excluir outras possibilidades, anteriores ou posteriores. Faria e Pericão (2008) apresentam duas posições a esse respeito: livros são manuscritos ou impressos, quanto à natureza da tecnologia que os concebe, no entanto, as autoras enfatizam a forma de cadernos costurados, algo que os e-books apenas simulam, quando muito. Em outro trecho do verbete, as autoras abrem a definição de livro para "documento impresso ou não impresso", alterando a configuração do leque de objetos que se pode enquadrar aí. Também se define que seja livro a "transcrição" por escrito, em qualquer suporte, com qualquer processo de inscrição. No mesmo dicionário, a definição de e-book considera que esta seja a "versão digital" dos livros, isto é, seu arremedo não impresso, ou "aquilo em que se lê", ou seja, o próprio *player*, seja ele celular, tablet ou outro.

A Intercom assume como livro um objeto produzido a partir da criação intelectual e seu suporte. Outros autores são mais explícitos em admitir que o livro mude de forma ao longo dos séculos, como é o caso de Araújo (1986), mas a maior parte dos especialistas se concentra na função/finalidade do livro, exprimindo-a como a de um objeto capaz de gravar, fixar ou memorizar (Arlindo Machado citado por QUEIROZ,

2008), comunicar, ensinar, refletir, permitir a evasão (FARIA; PERICÃO, 2008), difundir pensamento e cultura e conservar (FARIA; PERICÃO, 2008; INTERCOM, 2010) ou preservar, expor e transmitir ao longo do tempo (presume-se que sem perda), conforme Haslam (2006). Levando ao extremo a finalidade de conservação/memória e deslocando esse elemento para o ponto central da definição de livro, Queiroz (2008) considera que os anciãos fossem "livros ambulantes", já que estava com eles (armazenado, memorizado, fixado e pronto para a exposição) o texto a ser ouvido.

O tipo de conteúdo parece ser o que menos interessa para a configuração do objeto livro, o que apenas reforça que outros elementos, como a natureza tecnológica, a finalidade e o formato definam um livro antes de quaisquer outros. O fato de serem dispositivos exclusivos ou não para o texto não está em questão para a maioria dos especialistas, o que descarta ou relativiza muito a importância de distinções como a de portador e suporte, proposta por Teberosky e Colomer (2003).

Marcuschi (2003), interessado na relação suporte/gênero de texto, se aproxima das questões perseguidas pelos especialistas em livros, centralizando elementos como a natureza tecnológica ("lócus físico ou virtual"), o formato (que ele apenas chama de "específico", sem descrevê-lo) e a finalidade ("que serve de base ou ambiente de fixação do gênero materializado como texto", considerando-se esse texto de maneira ampla, talvez não apenas verbal). Segundo Marcuschi (2003), um suporte "suporta, fixa e mostra" um texto, enquanto Távora (2008) enfatiza sua função de "entidade mediadora de interação", algo que não é tratado pelos especialistas do livro, mas sim pelos novos especialistas das interfaces, talvez em consonância com Fawcett-Tang (2007) e, em alguma medida, com os autores que se preocupam com a "transparência" ou com a "opacidade" do design, tais como Tschichold (2007) e Hendel (2003).

Os gêneros textuais, assim como os processos editoriais, sequer são mencionados na maior parte das definições de livro por especialistas da edição, isto é, não se concentra atenção nas relações de interinfluência entre gênero e suporte. O livro, suporte específico, parece enquadrado por aspectos outros, especialmente pela finalidade de tornar perenes as criações textuais do espírito humano, sem deixar de lado questões de formato e tecnologia (manuscrita, impressa ou digital).

Considerações finais

Conforme se pode divisar nesta breve exposição, os critérios ou parâmetros que definem um livro são bastante flexíveis, mesmo entre especialistas da edição. O e-book não é apenas uma "metáfora" do objeto livro impresso, por falta do rebatismo de um novo objeto. Os e-books são livros, propriamente, segundo grande parte das descrições oferecidas pelos autores aqui mencionados. As práticas de leitura propiciadas ou provocadas pelos objetos de ler (rolos, códices ou tablets a bateria) não costumam ser mencionadas quando se descreve o que seja um livro. Verbetes e definições se detêm (por vezes se limitam) nos aspectos formais ou funcionais do dispositivo.

A despeito de o "esquema construtivo" (ARAÚJO, 1986) do e-book ter mudado em relação ao impresso (ao menos quanto à natureza da tecnologia que o materializa), isso não interfere em sua configuração mais geral. Segundo um sumário dos autores aqui elencados, um objeto que serve para (1) conservar a memória da criação intelectual humana, especialmente a textual, cujo formato seja (virtualmente ou não) o de (2) páginas e cadernos organizados e divididos, tendo natureza (3) analógica ou digital, muito provavelmente será um livro. A separação atual entre a materialidade e o inscrito, isto é, hardware e software, não discrimina livro e e-book a ponto de torná-los objetos diferenciados entre si. A despeito de serem tecnologicamente diversos, livros e livros eletrônicos são *livros*, justo em função de terem a mesma finalidade, assim como de, ao fim e ao cabo, guardarem arquiteturas semelhantes. Mesmo livros eletrônicos para serem lidos em dispositivos dedicados (*e-readers*, por exemplo) são compostos à maneira dos cadernos costurados que costumavam dar forma e distinguir os livros impressos (e mesmo manuscritos)[6]. Os resultados de Bahloul são diferentes, isto é, o que leitores eventualmente consideram livros são objetos que talvez não se confundam com e-books, já que precisam ser impressos (como algumas instituições consideram), graficamente específicos, mas de autor conhecido e geralmente ligados ao romance e a gêneros literários, aspectos sequer mencionados por qualquer instituição.

Não se pode, portanto, falar em substituição ou em extinção de livros, mas em uma genealogia, que, segundo o raciocínio de Queiroz (2008), remonta ao corpo e à memória humanos como "livro ambulante"[7]. Em suma, pode-se dizer que um livro é um livro, em papel e/ou em pixel[8].

---

[6] Em outros trabalhos, exprimi meu conflito com essa indistinção e ela ainda me incomoda. Não oculto minha vontade de definir livro impresso e e-book, sustentando uma diferenciação mais radical entre eles nas práticas editoriais e da leitura propiciadas e provocadas pelos novos objetos. No entanto, precisarei de mais reflexão sobre o assunto.

[7] Ideia semelhante é apresentada no livro *Fahrenheit 451*, de Ray Bradbury (publicado em 1953), adaptado para o cinema (com o mesmo nome) por François Truffaut, em 1966.

[8] Importante fazer referência à obra de José Afonso Furtado, publicada no Brasil, que menciona a "metáfora do livro" em alguns momentos. Ver Furtado (2006).

Referências

ARAÚJO, Emanuel. *A construção do livro*. Rio de Janeiro: Nova Fronteira; Brasília: Instituto Nacional do Livro, 1986.

ASSIS, Juliana A. *Explicitação/implicitação no e-mail e na mensagem em secretária eletrônica*: contribuições para o estudo das relações oralidade/escrita. (Tese) Doutorado em Linguística. Universidade Federal de Minas Gerais, Faculdade de Letras, 2002.

ASSIS, Juliana A. Gêneros textuais, tecnologia e textualização. *Scripta*, Belo Horizonte, Editora da PUC Minas, v. 6, n. 11, 2002a.

BAHLOUL, Joëlle. *Lecturas precarias*. Estudio sociológico sobre los "poco lectores". México: Fondo de Cultura Económica, 2002.

BRINGHURST, Robert. Apresentação. In TSCHICHOLD, Jan. *A forma do livro*. São Paulo: Ateliê Editorial, 2007.

CHARTIER, Roger. *A aventura do livro*. Do leitor ao navegador. São Paulo: Unesp, 1998.

CHARTIER, Roger. *Práticas da leitura*. São Paulo: Estação Liberdade, 2000.

CHARTIER, Roger. *Os desafios da escrita*. São Paulo: Unesp, 2002.

DARNTON, Robert. *A questão dos livros*. Trad. Daniel Pelizzari. São Paulo: Companhia das Letras, 2010.

ECO, Umberto; CARRIERE, Jean-Claude. *Não contem com o fim do livro*. Rio de Janeiro: Record, 2010.

FARIA, Maria Isabel; PERICÃO, Maria da Graça. *Dicionário do livro*. Da escrita ao livro eletrônico. São Paulo: EdUsp, 2008.

FAWCETT-TANG, Roger. *O livro e o designer I*. Trad. Caroline Mariz. São Paulo: Rosari, 2007.

FURTADO, José Afonso. *O papel e o pixel*. Do impresso ao digital: continuidades e transformações. Florianópolis: Escritório do Livro, 2006.

HASLAM, Andrew. *Book design*. EUA: Abrams, 2006.

HENDEL, Richard. *O design do livro*. São Paulo: Ateliê Editorial, 2003.

INTERCOM. *Enciclopédia Intercom de Comunicação*. 2010. CD-Rom.

MARCUSCHI, L. A. A questão do suporte dos gêneros textuais. *DLVC*. João Pessoa, v. 1, n. 1, p. 9-40, out. 2003.

PROCÓPIO, Ednei. *O livro na era digital*. São Paulo: Giz Editorial, 2010.

QUEIROZ, Sonia (Org.) *Glossário de termos de edição*. Belo Horizonte: Fale/Viva Voz, 2008.

RIBEIRO, Ana Elisa. Anotações sobre literatura em novas mídias móveis. *Ipotesi*, Juiz de Fora, v. 14, n. 1, p. 107-114, jan./jul. 2010. Disponível em < http://www.ufjf.br/revistaipotesi/files/2009/10/anota%-C3%A7%C3%B5es-sobre-literatura.pdf>.

RIBEIRO, Ana Elisa. Ler na tela. O que é, hoje, um livro? In: MARTINS, Aracy A. et al. (Orgs.). *Livros & telas*. Belo Horizonte: Editora da UFMG, 2010a.

RIBEIRO, Ana Elisa. Notas sobre o conceito de "transposição" e suas implicações para os estudos da leitura de jornais on-line. *Em Questão*, Porto Alegre, v. 15, n. 2, p. 15-30, jul./dez. 2009. Disponível em <http://revcom2.portcom.intercom.org.br/index.php/revistaemquestao/article/viewFile/5980/5300>.

TAVARES, Maria Luiza Rodrigues R. C. *Textos em trânsito, sentidos em trânsito*: Multimodalidade em textos jornalísticos disponíveis em diferentes suportes. 130 f. Dissertação (Mestrado em Estudos de Linguagens), Centro Federal de Educação Tecnológica de Minas Gerais, 2011.

TÁVORA, Antônio Duarte Fernandes. *Construção de um conceito de suporte:* a matéria, a forma e a função interativa na atualização dos gêneros textuais. 176 f. Tese (Doutorado em Linguística). Programa de Pós-Graduação em Linguística da Universidade Federal do Ceará, Fortaleza, 2008.

TEBEROSKY, Ana; COLOMER, Teresa. *Aprender a ler e a escrever*. Uma proposta construtivista. Trad. Ana Maria Neto Machado. Porto Alegre: Artmed, 2003.

TSCHICHOLD, Jan. *A forma do livro*. São Paulo: Ateliê Editorial, 2007.

UNESCO. Institute for Statistics. Book. Disponível em <http://www.uis.unesco.org/ev.php?ID=5096_201&ID2=DO_TOPIC>. Acessado em 9.6.2011.

5. O bibliógrafo digital: questões sobre a materialidade do livro no século XXI

O que é um livro? Implicações e implicâncias

Este trabalho convida a uma reflexão sobre o leitor e os livros na era das tecnologias digitais, propondo um trajeto que parta de nosso contexto histórico em relação aos computadores e à internet, passe pelas reconfigurações das práticas de consumo e de leitura dos livros em novos *devices*, sem necessariamente valorá-las como piores ou desvantajosas, terminando por reafirmar os livros como objetos – diversos em suas materialidades – de uma rede sociotécnica profundamente ligada ao humano. Não se trata de um trabalho definitivo e afirmativo, senão de um ensaio cujos questionamentos são mais potentes do que eventuais respostas (sempre um tanto proféticas e passíveis de erro). A ideia de um "bibliógrafo digital" se articulará às questões sobre o "gesto bibliográfico", sob a inspiração de Giulia Crippa (2016). E iniciaremos pelo passado recente.

Há poucas décadas, vimo-nos – nós, grafocêntricos e herdeiros das tecnologias do livro impresso – confrontados com novos modos de ler, de escrever, de publicar, de consumir textos, de fazer circular informação e conhecimento ou, simplesmente, de fazer circular textos. Embora muitos estudiosos tenham se dedicado à questão da materialidade do livro, isto é, do produto gerado a partir de algum processo de edição, impressão e/ou "apresentação", outros tantos percebem que a digitalização da edição/ editoração, desde a criação, encontra-se em estágio avançado e balístico[1]. Que livros, hoje, não começam já a ser escritos no computador?

No Brasil, podemos falar em tecnologias digitais da informação e da comunicação, com alcance mais amplo, a partir dos anos 1980; dos anos 1990[2], considerando-se a internet e as interfaces amigáveis de navegação. Editores de texto, de imagem e programas para diagramação equipam progressivamente as máquinas, primeiro entre os especialistas e depois para faixas mais amplas da população. O fato é que os modos mecânicos de produzir livros, como a tipografia[3], foram cedendo espaço a formas mais ágeis e menos custosas de escrever, diagramar e imprimir, ou mesmo de publicar e fazer circular os textos.

Para pensar em um espaço enunciativo específico – e para mim especial –, a literatura, tomemos como exemplo o desejo de publicação de um(a) poeta nascente. São comuns as histórias de poetas, hoje conhecidos(as), que começaram suas carreiras imprimindo poemas em livretos manufaturados, copiados por meio de equipamentos conhecidos como mimeógrafos – hoje, peças de museu –, grampeados ou colados a mão, distribuídos pelo(a) próprio(a) artista em espaços como bares e restaurantes. São dezenas de narrativas sobre livros iniciantes feitos com xerox, grampo e disposição, dinheiro próprio e venda corpo-a-corpo. Ferreira Gullar, consagrado poeta brasileiro falecido em 2016[4],

---

[1] Roger Chartier (1998; 1998a; 2001; 2002; 2014) talvez seja o mais conhecido historiador do livro entre nós. O autor toca nos temas relativos ao texto eletrônico e à digitalização, em alguns momentos de sua obra. Já Robert Darnton, especialmente em Darnton (2010), discorre longamente sobre a questão da digitalização das obras impressas.

[2] Comumente, considera-se o ano de 1995 como o da popularização do computador e das interfaces gráficas para acesso à web, no Brasil.

[3] Em Belo Horizonte, por exemplo, temos a Tipografia do Matias, no bairro de Santa Efigênia uma das poucas que ainda atendem comercialmente. Ver: <http://www.tipografiamatias.com.br/>. Acesso em: 5 dez. 2016.

[4] O poeta maranhense, residente no Rio de Janeiro, faleceu às 10h da manhã do dia 4 de dezembro de 2016. Ver, por exemplo: <http://www1.folha.uol.

deu início à sua trajetória com um livro "de autor", mais tarde renegado.

As questões da materialidade estão tão implicadas nas trajetórias dos autores – sejam eles literatos ou não – que é impossível desviarmo-nos das questões que se colocam, já há décadas. Se um livro passa a existir, nasce, com ele, um autor/escritor[5]; se um livro chega ao seu leitor, cumpre-se um trajeto desejado por muitos; se um livro existe como impresso, em tese, trava-se uma batalha para que efetivamente circule, encontre leitores, seja vendido, seja apreciado[6]; se um livro existe como programa ou aplicativo, trava-se uma outra batalha de distribuição e consumo, mais monitorada, mas não menos difícil.

Não basta pensar os livros como se fossem existências autônomas, por mais que eles possam sobreviver a séculos de relativo abandono, sem morrer e sem parar de respirar, apenas hibernando em estantes. Os livros fazem parte desta rede sociotécnica que não me atreverei a discutir profundamente. Os livros são existências, impressas ou digitais, autossuficientes como objeto ou, mais recentemente, dependentes de *devices*, que nos conectam uns aos outros, costuram relações e alteram sentidos na existência humana. Não basta pensá-los como se fossem secções de um mundo inanimado, como poderíamos, desde há muito tempo e um tanto inadvertidamente, descrevê-los. É preciso pensá-los como integrantes desta grande interação de que todos fazemos parte, já que os livros encapsulam nossas ideias, boas ou ruins,

---

com.br/ilustrada/2016/12/1838326-poeta-ferreira-gullar-morre-aos-86-anos-no-rio.shtml>. Acesso em: 4 dez. 2016.

[5] Consideramos aqui que a literatura esteja intrinsecamente ligada à existência do livro. No entanto, sabemos de sua preexistência e de sua resistência oral. No século XXI, ela persiste também no movimento amplo dos saraus e slams, em rede com a existência dos livros. Para uma referência de estudo, ver Tennina (2013).

[6] Essa "batalha" é estudada por John Thompson (2013) para livros *trend*, isto é, *best-sellers* não literários.

atuando como sinapses, quando lidos, relidos, discutidos, resenhados, mal falados, copiados, citados, colecionados, doados, queimados, perseguidos, reimpressos, esquecidos para serem relembrados[7]. Não são híbridos de humano e objeto, mas são objetos de mobilização, interação e jogos de poder[8].

A materialidade dos livros traz implicações não apenas para sua própria forma de existir – em papel, tal ou qual, com lombada, orelhas, capas, ou digital, mostrado em um equipamento de dimensão X ou Y, tal ou qual capacidade de memória ou processamento, e assim… –, mas para nossa existência humana, profissional, social. Discussões econômicas de amplo escopo são motivadas pela questão, aparentemente banal: O que é um livro[9]? E sabemos: um livro precisa ser definido. Talvez soe antipoético para alguns, mas trata-se de uma questão prática, afinal.

Se não sabemos mais definir um livro, como pagaremos impostos e taxas sobre *devices* que carregam bibliotecas inteiras[10]? Em 2015, a União Europeia debateu impostos e taxas quanto aos e-books de maneira veemente. A França, por exemplo, fez uma campanha para igualar livros impressos e eletrônicos, com o intuito de pagar as mesmas taxas sobre ambos (já que impressos pagam menos impostos). A Itália entrou na mesma batalha. Um recurso interessante foi passar a definir livro como qualquer produto que apresentasse número de ISBN (*International Standard Book Number*). Esse mesmo número internacional acaba de ser

---

[7] Bayard (2007) trata de como os livros fazem parte de nossa sociedade ao ponto de podermos falar sobre eles sem os termos lido.

[8] Para uma introdução à teoria ator-rede, por exemplo, leia-se Latour (1994).

[9] Vimos nos arriscando nesta questão em Ribeiro (2011; 2012). Em dezembro de 2016/ março de 2017, participamos de um evento chamado "O que é um livro? Resistências", a convite dos organizadores, na Universidade Federal de Minas Gerais. Nessa oportunidade, constatou-se a diversidade do que pode ser um livro, segundo muitos participantes. Sem conclusões estáveis.

[10] Ver notícias em: <http://www.publishnews.com.br/materias/2015/03/04/80889-essa-pantufa-de-oncinha-nao-e-um-livro>. Acesso em: 6 dez. 2016.

desobrigado pela Câmara Brasileira do Livro entre os concorrentes ao prêmio Jabuti de livro eletrônico para literatura infantil, isto é, essa categoria, aberta em 2016, dispensa a apresentação de obras digitais sob ISBN[11].

E como buscaremos textos, trechos, informações, poemas, gráficos em dispositivos que antes escondem do que apresentam? Quanto cobraremos para que um leitor consuma um livro[12]? E como precificaremos? Em que se transforma o "preço de capa", sem as capas? Invadiremos a interação entre leitor e texto? Quem é o autor de uma obra que se "baixa"? E do que ele viverá, se contarmos por *downloads*, *views*, em centavos?

Das grandes questões econômicas, que obrigam que países definam, política e estrategicamente, o que seja um livro – tudo o que tiver ISBN? Ou objetos de papel, com capas e mais de 49 páginas[13]? –, passamos a questões de foro íntimo: gosto mais disto do que daquilo. Do cheiro à capacidade de armazenamento, que argumentos são estes? Mas, principalmente, das espertezas inerentes às práticas de letramento[14]: os usos vão se diversificando conforme a natureza do livro & a natureza do livro pode ir

---

[11] No ano seguinte, o edital do Prêmio Jabuti incluiu a exigência de ISBN, citando a Lei do Livro.

[12] As lojas de livros eletrônicos podem monitorar se esses livros são mesmo lidos, quantas páginas, por quanto tempo. E essa medida define se e quanto se pagará de direito ao autor.

[13] Esta é a definição/padronização da Unesco (United Nations Educational, Scientific, and Cultural Organization), ainda vigente. Foi publicada em 1964. Ver: <http://portal.unesco.org/en/ev.php-URL_ID=13068&URL_DO=-DO_TOPIC&URL_SECTION=201.html>. Acesso em: 4 dez. 2016.

[14] Letramento é um conceito muito debatido nos campos da Educação e da Linguística Aplicada. No Brasil, a discussão existe desde a década de 1980 e teve impacto sobre políticas públicas educacionais. Atribui-se a importância do conceito a Mary Kato, na década de 1980. As autoras brasileiras referência no tema são principalmente Magda Soares (UFMG) e Angela Kleiman (Unicamp). A discussão desdobrou-se em várias, incluindo-se a relação com tecnologias digitais. Ver, por exemplo: Soares (2002; 2004), Kleiman (1995), Coscarelli e Ribeiro (2005).

se diversificando conforme as práticas de leitura. Dos livros do coração[15] aos livros de uso ou consulta, em um espectro de interações que independe, em larga medida, de nossas discussões apegadas a esta ou àquela tecnologia. De todo modo, pensar e repensar o livro decorre de nossas inquietações de natureza variada – afetivas, editoriais, profissionais, culturais... –, trazendo também implicações para a pesquisa e o mercado editorial.

O bibliógrafo digital

O campo das Letras raramente se põe a pensar sobre a organização dos livros *entre si*, geralmente elegendo a reflexão sobre eles internamente. Menos que isso: nos textos que vão neles, mais do que neles. Normalmente, estamos entretidos, analisando obras ou pensando em como escrevê-las e lê-las (interpretá-las). O problema da biblio*grafia* parece-nos menos próximo do que o da biblio*filia*. O escritor italiano Ítalo Calvino (2010, p. 13) diz, sobre as coleções, assim como dos diários, que são: "a necessidade de transformar o escorrer da própria existência numa série de objetos salvos da dispersão (...)". E dar sentido aos livros tem sido uma intenção completamente rearticulada, nos dias que correm.

A bibliografia, discutida há tempos, está em Crippa (2016) transformada em um convite ao repensar. De prática disciplinadora à criação de novos paradigmas, é importante reconhecer os movimentos do universo da informação e do livro como questões também humanas. Tão humanas que são alçadas ao "gesto". Deixam de ser apenas "uma descrição de materiais entregues ao bibliógrafo sem discernimento (...)" (CRIPPA, 2016, p. 26), ou uma seleção neutra, para ser um encontro entre bibliógrafos e

---

[15] A expressão é tomada de empréstimo às professoras Roberta Manuela Andrade (UECE) e Erotilde Silva (Unifor), pesquisadoras de livros vendidos em bancas e colecionados por milhares de leitores. Alguns de seus trabalhos foram publicados nos anais do Encontro Nacional da Intercom, Sociedade Brasileira de Estudos Interdisciplinares da Comunicação. Ver, por exemplo, Andrade e Silva (2014).

usuários, sem esquecer que "o digital representa uma mudança radical da própria natureza dos documentos e dos instrumentos de catalogação (...)" (CRIPPA, 2016, p. 27).

Se a história da leitura e dos livros, em seu início, toma como fontes de pesquisa justamente as listas e os catálogos, logo obtém resultados insuficientes para responder a certas questões de interesse humano: mas o que fazem os leitores com estes livros? Como os leem, afinal? E daí nasce a história das práticas de leitura, esclarecedora porque focaliza justamente o "gesto" que não se pode recompor ou vislumbrar apenas com base no catálogo (DARNTON, 2010).

No entanto, o gesto bibliográfico atual, conforme Crippa (2016), não dá conta das novas realidades tecnológicas. Para a autora, é necessária uma mudança estrutural, incluindo-se a reinvenção da "ordem do futuro". "Não mais adaptação, mas criação de novos paradigmas para as práticas bibliográficas" (CRIPPA, 2016, p. 37). Impossível esquivarmo-nos do livro digital e das bibliotecas também digitais, sem estantes, sem paredes, sem etiquetas, por onde leitores ou usuários circulam um tanto erraticamente, percebendo ou não que precisam de ajuda.

Quanto mais nos precipitamos sobre este mundo das tecnologias digitais, mais pensamos, especialmente os linguistas, que cada pessoa precisa ser um tanto bibliógrafa, letrada "informacional", curadora, seletiva, capaz do gesto bibliográfico em sua trilha, cada vez mais pessoal, de leitura e fruição dos documentos. A biblioteca é cada vez mais mental e menos espacial ou geográfica, se pensarmos que um dos argumentos para a ascensão do livro digital é que ele "ocupa menos espaço" (ou terreno mesmo) e que alguém pode ter milhares de livros em um *device* de alguns gramas. No entanto, por quanto tempo? Até quando e por meio de que suporte? É a pergunta que incomoda o bibliófilo, talvez também o bibliógrafo, preocupados ambos em organizar, criar trilhas experienciáveis, dar sentido a uma coleção.

Se teremos mil ou dois mil livros que não podemos ver juntos, ao mesmo tempo, que espécie de organização eles devem ter para que possam ser vistos, relembrados e recuperados? Se o aspecto gráfico-espacial não é mais necessário ou vantajoso, por onde começar? E até: por onde trilhar? Se as trilhas têm pontas soltas, diversas, onde começam e onde terminam? O perímetro de uma tela acomoda quantas coleções? Que sujeitos serão capazes de se apropriar, de fato, do que não for descartável?

O bibliógrafo digital tem seu acervo mais velado do que revelado; precisa de sua própria memória para conseguir encontrar os fios que o levam aos textos ou aos livros que deseja ler. Tratará de guardar o que lhe importa em um equipamento que se desliga, tornando sua biblioteca em um ícone fora do campo de visão. Uma biblioteca apagada, mas em potência, ao menos até a próxima incompatibilidade operacional. O bibliógrafo digital lembra um pouco o conto de João e Maria, tradicionalmente narrado às crianças: é preciso deixar migalhas para encontrar de novo o caminho. Rememorando a história, perguntamos: deu certo? No caminho entre o leitor e o livro, pode haver o imprevisto, o imponderável e certa dose de inocência. As migalhas do bibliógrafo digital precisam ser mais efetivas. Retomando Calvino, salvar da dispersão é a missão deste leitor, assim como construir trilhas e estratégias de retomada mais seguras.

Livros digitais, impressos e a literatura, por exemplo

Normalmente, a experiência com livros literários, por exemplo, não é descartável. Talvez esse seja um critério, inclusive, para identificar a literariedade de uma obra. Da obra que não termina de ser relida, sempre chamada ao presente, fazendo sentido conforme a experiência de linguagem que o leitor vive, à obra que precisa estar exposta em um espaço de coleção, de memória, de atualização. Uma obra que se empresta, mas que se deseja ter de volta. Uma obra mais que livro, um verdadeiro ritual, desde a sua criação até a sua infindável leitura, por um ou por muitos.

Desde a sua concepção, o livro literário é envolto em rituais. A gestão da autoria, analisada em Maingueneau (2014) e exemplificada em Pereira (2017), que trata do escritor brasileiro Milton Hatoum, é feita desde a escrita do texto, passando por seu processo editorial e por sua difusão, com a mediação de uma editora e de muitas outras instituições e redes editoriais. Os rituais podem ser especializados em "ritos genéticos editoriais", conforme proposta de Salgado (2016), inspirada em Maingueneau. E todos eles dizem respeito ao que a humanidade atribui ao livro e a si mesma em relação a ele. O lançamento[16], por exemplo, de um livro impresso, é um evento palpável, onde o autor encena sua performance nas assinaturas, dedicatórias e presença. Já o "lançamento" de um livro digital desveste-se de quase tudo o que um livro impresso carrega de simbólico e de experiência material para tornar-se uma espécie de encontro fortuito. O que é um livro com um autógrafo? Quanto de sentido há nisso? Quanto tempo se passará até que aquele livro deixe de ser um objeto qualquer e torne-se a prova de uma experiência?

Quanto à experiência digital: se meu livro pode ser apagado de meu *device* a qualquer momento, descobrirei logo a decadência da posse e a ascensão dos "termos de uso" ou da "licença". O livro não é exatamente meu; trata-se de uma possibilidade de leitura, em potência mesmo. Com isso, qualquer biblioteca será um *instante* apenas na dinâmica linha do tempo dos livros digitais semoventes.

---

[16] O lançamento de livros com a presença do autor é uma invenção, segundo Hallewell (2005), de Carlos Ribeiro, dono da livraria Teixeira, em São Paulo, na década de 1950. Há uma controvérsia sobre o assunto, já que Erico Verissimo afirma que os irmãos Saraiva fizeram isso antes, na década de 1940. Há registro, ainda segundo Hallewell, de lançamentos com a presença do autor na livraria José Olympio, em 1934, mais precisamente com o escritor José Lins do Rego.

Considerações provisórias

O gesto bibliográfico está no bibliófilo digital entre as pastas amarelas das interfaces gráficas; em estantes virtuais que só mostram o que cabe em 7 ou 10 polegadas; nas listas ou nas capas das obras que ele consegue comprar, por prazo desconhecido quanto aos usos ou quanto à duração/compatibilidade de seu *device*. O gesto diante do fato de que "também as cousas participam de nossa vida". O "gesto de ferina intenção", na expressão da escritora mineira Henriqueta Lisboa, que toque os livros, as rosas e qualquer outro objeto de nosso "íntimo domínio" e de nosso "intransferível patrimônio", que nos servem não apenas para adquirir, colecionar, organizar, mas também para nos identificar com o outro e com a humanidade. Supérfluos? Sabe a sociologia da literatura[17] que livros têm impacto sobre nossas vidas.

O que é um livro, hoje? (Daremo-nos o tempo de um parágrafo). Um possível objeto dentro de outros objetos. Como sempre? Ou sequer podemos dizer que seja um objeto? Um *software* que "roda" sobre uma base *hardware*? A alma sobre um corpo físico (a eterna proposta kantiana, segundo Chartier, 2014)? Ou nosso tradicional conhecido tinta-e-papel, elementos físicos geralmente indissociáveis, eternamente inscritos um no outro[18], a despeito de o texto mesmo/sua leitura ser ainda uma outra questão?

Esses questionamentos tocam o leitor, uma vez que as mudanças no objeto que ele manipula ou com que lida fazem-no reorientar ou reconfigurar suas práticas. O bibliógrafo digital não é, ele mesmo, digital, como a expressão pode levar a crer, mas é o dono do gesto bibliográfico na era das tecnologias digitais, o ativo consumidor de textos que circulam sem tanto compromisso com um ou outro objeto. Ativo, como sempre, frise-se, mas

---

[17] Ver, por exemplo, Sapiro (2016).
[18] Papéis de tipos diferentes aceitam tintas diferentes, de maneiras diversas.

agora demandado a organizar seu acervo sem vê-lo por completo, sem a certeza, sequer, de que ele estará hoje onde estava ontem. O ambiente digital provoca um senso de organização mais virtual e um gesto de busca mais informado. É preciso navegar; e navegar orientado.

O livro já foi um objeto autossuficiente. Ou um objeto em si, sem grandes descolamentos entre sua materialidade e as possibilidades de seu conteúdo. Pensando assim, é parecido com as possibilidades do livro digital, por exemplo, que é promessa à espera de um clique. O livro passa a ser uma potência, e ubíqua, em arquivos que esporulam ou que se replicam feito vírus, sem controle? Sem sentido? Se nos lembrarmos que os sentidos sempre foram dados na interação obra-leitor, não teremos tantos problemas em admitir que o livro seja, hoje, uma espécie de dobra sob um objeto físico não exclusivo/dedicado. O leitor e seus gestos é que precisam estar aptos a desdobrar – a si nos livros e aos livros.

O poema de Henriqueta Lisboa, publicado em 1982, no livro *Pousada do ser*, se antecipa à era das tecnologias digitais no Brasil. Nossas questões sociotécnicas ecoam na certeza do eu lírico de que "também as cousas participam / de nossa vida". Entre elas, nominalmente, o livro. E essas cousas nos identificam, nos unem ou nos separam. "Um trecho musical que nos devolve / a horas inaugurais" é exemplo de nossa potência virtual. É preciso ir buscar na memória o lugar das experiências. "A lembrança / de outra lembrança mais longínqua" se parece com o *mise-em-abyme* a que já estamos acostumados quando nos embrenhamos pelas redes digitais. Mesmo que tudo isso pareça supérfluo, a poeta questiona: "que tenho a ver contigo / se não leste o livro que li", esperando a formação de um patrimônio intransferível mas compartilhável, o patrimônio, por exemplo, dos textos que se disponibilizam, que nos formam, que nos tornam em pessoas com repertórios distintos, embora sempre em atualização, reconfiguração e movimento. O livro digital vem participar desta rede, tão supérflua quanto importante, tão humana quanto máquina, tão componedora de nossas práticas quanto qualquer outra coisa que conosco interaja.

Do supérfluo

Também as cousas participam
de nossa vida. Um livro. Uma rosa.
Um trecho musical que nos devolve
a horas inaugurais. O crepúsculo
acaso visto num país
que não sendo da terra
evoca apenas a lembrança
de outra lembrança mais longínqua.
O esboço tão-somente de um gesto
de ferina intenção. A graça
de um retalho de lua
a pervagar num reposteiro
A mesa sobre a qual me debruço
cada dia mais temerosa
de meus próprios dizeres.
Tais cousas de íntimo domínio
talvez sejam supérfluas.
No entanto
que tenho a ver contigo
se não leste o livro que li
não viste a rosa que plantei
nem contemplaste o pôr-do-sol
à hora em que o amor se foi?
Que tens a ver comigo
se dentro em ti não prevalecem
as cousas – todavia supérfluas –
do meu intransferível patrimônio?

Este ensaio buscou uma reflexão sobre os gestos e as práticas hoje disponíveis ao leitor, em um cenário de turbulências e movimentos, ou de reconfigurações, que envolvem a leitura, a escrita e as tecnologias do livro. O bibliógrafo digital vem se somar aos demais personagens desta rede sociotécnica que envolve os objetos de ler em sua íntima relação com a humanidade.

Referências

ANDRADE, Roberta Manuela B.; SILVA, Erotilde H. O Que é um Romance Inesquecível? Os Processos de Apropriação Cultural dos Livros do Coração. Intercom – Sociedade Brasileira de Estudos Interdisciplinares da Comunicação. XXXVII Congresso Brasileiro de Ciências da Comunicação. *Anais...* – Foz do Iguaçu, PR, p.1-15, 2 a 5 set. 2014. Disponível em: <http://www.intercom.org.br/papers/ nacionais/2014/ resumos/R9-0328-1.pdf>. Acesso em: 2 dez. 2016.

BAYARD, Pierre. *Como falar dos livros que não lemos?* Trad. Rejane Janowitzer. Rio de Janeiro: Objetiva, 2007.

CALVINO, Ítalo. *Coleção de areia.* Trad. Maurício Santana Dias. São Paulo: Companhia das Letras, 2010.

CHARTIER, Roger. *A ordem dos livros*: leitores, autores e bibliotecas na Europa entre os séculos XIV e XVIII. 2. ed. Trad. Mary Del Priore. Brasília: Editora Universidade de Brasília, 1998.

CHARTIER, Roger. *A aventura do livro*: do leitor ao navegador. Trad. Reginaldo de Moraes. São Paulo: UNESP, 1998a. (Prismas)

CHARTIER, Roger. *Cultura escrita, literatura e história*: Conversas de Roger Chartier com Carlos Aguirre Anaya, Jesús Anaya Rosique, Daniel Goldin e Antônio Saborit. Porto Alegre: ARTMED, 2001.

CHARTIER, Roger. *Os desafios da escrita.* Trad. Fulvia M. L. Moretto. São Paulo: UNESP, 2002.

CHARTIER, Roger. *A mão do autor e a mente do editor.* Trad. George Schlesinger. São Paulo: Editora da Unesp, 2014.

COSCARELLI, Carla; RIBEIRO, Ana Elisa. *Letramento digital.* Aspectos sociais e possibilidades pedagógicas. Belo Horizonte: Autêntica, 2005.

CRIPPA, Giulia. Entre arte, técnica e tecnologia: algumas considerações sobre a bibliografia e seus gestos. *InCID*: R. Ci. Inf. e Doc., Ribeirão Preto, v. 7, n. esp., p. 23-40, ago. 2016.

DARNTON, Robert. *A questão dos livros.* Passado, presente e futuro. Trad. Daniel Pellizzari. São Paulo: Companhia das Letras, 2010.

KLEIMAN, Angela B. (Org.) *Os significados do letramento*: uma nova perspectiva sobre a prática social da escrita. Campinas, SP: Mercado de Letras, 1995. (Coleção Letramento, Educação e Sociedade)

LATOUR, Bruno. *Jamais fomos modernos*. Ensaio de antropologia simétrica. Trad. Carlos Irineu da Costa. Rio de Janeiro: Editora 34, 1994. (Coleção Trans)

MAINGUENEAU, Dominique. *Discurso literário*. 2 ed. Trad. Adail Sobral. São Paulo: Contexto, 2014.

PEREIRA, Claudia Maria de Serrão. *O processo de constituição do livro Dois Irmãos*: uma análise da paratopia criadora de Milton Hatoum. Dissertação (Mestrado em Literatura). Universidade Federal de São Carlos, 2017.

RIBEIRO, Ana Elisa. Ler na tela - O que é, hoje, um livro?. In: MARTINS, Aracy Alves; MACHADO, Maria Zélia Versiani; PAULINO, Graça; BELMIRO, Celia Abicalil. (Org.). *Livros & telas*. Belo Horizonte: Editora da UFMG, 2011, v. 1, p. 93-106.

RIBEIRO, Ana Elisa. O que é e o que não é um livro. Materialidades e processos editoriais. *Fórum Linguístico*, Florianópolis, v. 9, n. 4, p. 333-341, out./dez. 2012. Disponível em: <https://periodicos.ufsc.br/index.php/forum/article/view/1984-8412.2012v9n4p333/24236>. Acesso em 2 dez. 2016.

RIBEIRO, Ana Elisa. Questões provisórias sobre literatura e tecnologia: um diálogo com Roger Chartier. *Estudos de Literatura Brasileira Contemporânea*, n. 47, p. 97-118, jan./jun. 2016.

SALGADO, Luciana Salazar. *Ritos genéticos editoriais*. Autoria e textualização. Bragança Paulista, SP: Margem da Palavra, 2016.

SAPIRO, Gisèle. *La sociología de la literatura*. Buenos Aires: Fondo de Cultura Económica, 2016.

SOARES, Magda. Novas práticas de leitura e escrita: letramento na cibercultura. *Educação e Sociedade*, Campinas, v.23, n.31, p. 143-160, dez. 2002.

SOARES, Magda. *Letramento*: um tema em três gêneros. 2 ed. Belo Horizonte: Autêntica, 2004.

TENNINA, Lucía. Saraus das periferias de São Paulo: entre tragos, silêncios e aplausos. *Estudos de Literatura Brasileira Contemporânea*. N. 42, p. 11-28, jul./dez. 2013.

THOMPSON, John B. *Mercadores de cultura*. O mercado editorial no século XXI. Trad. Alzira Allegro. São Paulo: Editora da Unesp, 2013.

6. Literatura contemporânea brasileira, prêmios literários e livros digitais: um panorama em movimento

Algumas considerações sobre literatura, mercado e legitimação

Vamos iniciar esta breve reflexão por algo que pode soar óbvio, mas que nos parece necessário retomar: a literatura brasileira tem sido, há décadas, produzida por escritores e editada em livros impressos, por meio de autopublicação, pequenas casas editoriais ou alguns poucos grandes grupos de edição. Na atualidade, a tecnologia empregada para isso não difere muito de um desses espaços para outro. E a circulação dos livros continua sendo uma questão difícil para todos, menos um tanto para as editoras grandes, que têm nas mãos não apenas modos de distribuição mais efetivos – porque têm dinheiro –, mas também influência sobre a imprensa, os curadores de eventos importantes, etc. Disso decorre que os livros lançados por editoras grandes costumam se fazer um pouco mais conhecidos de certo público, assim como seus autores, o que configura um cenário concentrado e bastante repetitivo. Neste artigo, não focalizaremos os autores ou os editores, mas os livros, especialmente os digitais, e os prêmios literários.

Muniz Júnior (2017) nos oferece uma mirada sociológica para pensar os prêmios literários como uma questão de produção e circulação de *valor simbólico* (mas também outros). Domingues e Vieira (2015) apontam as antologias, os eventos e os prêmios como peças no tabuleiro da legitimação literária. No caso destes últimos, os mais importantes oferecem valores consideráveis em dinheiro. Há pelo menos dois tipos de prêmios literários comuns no Brasil: (a) para livros inéditos, geralmente inscritos sob pseudônimo, que ajudam a revelar obras e autores ao país, aos editores e às editoras que estejam atentas aos resultados; e (b) os oferecidos a obras e autores já publicados. Neste caso, tais premiações ajudam a reiterar ou a legitimar, cada vez mais, livros que já circulam. Não é de se desprezar a informação de que a maior parte dos livros ganhadores desses prêmios seja já de editoras grandes, duas ou três no cenário brasileiro atual. Mais raramente, os prêmios têm formatos híbridos, oferecendo-se a inéditos e publicados, a um só tempo.

Entre a parca bibliografia científica sobre prêmios está um capítulo de De Diego (2015), em que o autor argentino comenta prêmios em língua espanhola. Embora não sejam os mesmos outorgados a autores de língua portuguesa, pode ser que as dinâmicas comentadas sejam similares em toda parte, inclusive no Brasil. Segundo De Diego, os prêmios estão ligados às questões de cânone e valor literário, a despeito de serem controversos em seus processos. Possuindo diferentes poderes consagratórios e valores pagos (o maior, entre os hispanofalantes, é o Planeta), os prêmios podem ter relação direta com as vendas de uma obra, funcionando como estratégias de marketing para colocar um livro no mercado com algum respaldo anterior. De outro lado, a depender do prêmio, podem ser também um elemento para escalar certos autores em direção à canonização ou à consagração. Talvez, no Brasil, possamos pensar no prêmio Sesc como um desses que visam a dar respaldo a obras ainda desconhecidas, inclusive em parceria com uma grande editora nacional; e mencionar o prêmio APCA (Associação Paulista de Críticos de Arte) como uma iniciativa que alavanca autores, mais ou menos os mesmos, rumo ao cânone. Há outras possibilidades.

De Diego (2015) compila um breve anedotário sobre prêmios em língua espanhola, dá como certa a influência desses prêmios nas vendas de uma obra, aponta que autores e editores gostam de minimizar a importância de suas premiações, embora elas tenham, sim, em variado nível, um poder consagratório ou de visibilidade, mesmo que efêmera. O autor não deixa de apontar também a suspeição sobre os bastidores de muitos pleitos, especialmente os dirigidos a obras inéditas, e a relativa tranquilidade sobre prêmios dados ao que ele chama de "autores-marca", esses que estão mais próximos do cânone.

Entre os prêmios dados a obras e autores sob pseudônimo, Domingues e Vieira (2015) mencionam o Zaffari & Bourbon, oferecido desde 1999 por uma rede de supermercados que atua no sul do país em parceria com a Jornada Literária de Passo Fundo; o Portugal Telecom, atualmente Oceanos, aberto à comunidade lusófona; o LeYa, oferecido por uma editora portuguesa desde 2008 para distinguir exclusivamente romances[1]; o Prêmio São Paulo de Literatura, oferecido pelo governo de São Paulo desde 2008; o Jabuti, láurea da Câmara Brasileira do Livro desde o final dos anos 1950; os prêmios literários da Fundação Biblioteca Nacional; e o Prêmio Sesc, em parceria com a editora Record, sediada no Rio de Janeiro. Dos sete prêmios mencionados pelas autoras e considerados por elas os "de mais destaque no país" (p. 84), apenas o Sesc e o LeYa estimulam a concorrência de obras inéditas de autores não identificados de antemão, o que parece aumentar as chances de algum movimento renovador e bibliodiverso[2] da literatura brasileira e lusófona. As demais premiações mencionadas são para obras já em circulação, geralmente os mesmos autores, em poucos casos, revelações, o que pode ser entendido como um ciclo lento, e não apenas uma crítica à maneira como o valor circula.

O material apreciado por júris e críticos, no caso dos prêmios oferecidos a livros publicados, é formado pelas próprias obras,

---

[1] Ver em <http://www.leya.com/pt/gca/areas-de-actividade/premio-leya/>.
[2] Sobre a bibliodiversidade, ver Mihal (2011).

geralmente inscritas e enviadas pelas editoras. Nesse sentido, editoras menores mal conseguem competir, já que, em alguns casos, as inscrições de seus autores teriam custo considerável[3]. No caso dos concursos de obras inéditas, geralmente são os próprios autores, sob pseudônimo, que enviam o material e se inscrevem, a fim de concorrerem a alguma quantia em dinheiro e a certa visibilidade (geralmente efêmera), caso a premiação seja "de destaque", como é o caso de vários desses prêmios e de muitos outros não mencionados por Domingues e Vieira (2015). Em todos os casos de prêmios a obras publicadas, parece claro o que seja um livro nesse universo da produção editorial. Aprofundemo-nos na questão.

Livros e livros digitais literários

Como já afirmei nesta obra, normalmente, a experiência com livros literários não é descartável. Talvez esse seja um critério, inclusive, para identificar a literariedade de uma obra.

> Da obra que não termina de ser relida, sempre chamada ao presente, fazendo sentido conforme a experiência de linguagem que o leitor vive, à obra que precisa estar exposta em um espaço de coleção, de memória, de atualização. Uma obra que se empresta, mas que se deseja ter de volta. Uma obra mais que *livro*, um verdadeiro ritual, desde a sua criação até a sua infindável leitura, por um ou por muitos.
> Desde a sua concepção, o livro literário é envolto em rituais. E todos eles dizem respeito ao que a humanidade atribui ao livro e a si mesma em relação a ele[4]. O "lança-

---

[3] Apenas para uma noção, o Jabuti de 2016 cobrava R$ 450,00 por inscrição, o que certamente inibiu a participação de autores e editores em condições mais frágeis para concorrer. Algumas editoras menores solicitaram, abertamente, via redes sociais, que seus autores inscrevessem os próprios livros.

[4] Em entrevista a Fernando Bogado (2016), Carlo Ginzburg e Roger Chartier consideram o livro como um elemento fundamental da formação da cultura ocidental.

mento", por exemplo, de um livro digital desveste-se de quase tudo o que um livro impresso carrega de simbólico e de experiência material para tornar-se uma espécie de encontro sem objeto. O que é um livro com um autógrafo? Quanto de sentido há nisso? (RIBEIRO, 2011)

Já vínhamos tentando nos localizar nesse cenário quando elencamos algumas situações em Ribeiro (2011). Dizíamos, sobre o livro e outros *devices*:

> Desde o advento (valha o termo) dos aparelhos com telas mostradoras (sejam eles pesados computadores de mesa ou os hodiernos tablets) que os livros vêm servindo de metáforas para produtos legíveis que em quase nada se parecem com livros de papel, não fosse uma conexão de origem com um processo editorial já antigo. E além deste, uma relação visual, isto é, de planejamento gráfico, em muito coincidente e herdeira do livro impresso (muito embora nem sempre isso seja admitido). A relação entre novos e conhecidos objetos, no entanto, não ocorre sem tensionamentos. Tanto o leitor quanto, principalmente, o produtor de ambos (para desconsiderar qualquer híbrido) debatem sobre modos de usar, processos de feitura, usos e práticas, costumes e aprendizagens. Nesse cenário, a imprensa noticia, especialmente em cadernos de cultura (ou, hoje, de tecnologia), o lançamento deste ou daquele livro, em versões impressa e digital. Isso se faz, no entanto, com implicações para a formação e/ou a difusão de um discurso em relação à tecnologia e ao livro. (RIBEIRO, 2011a, p. 3)

No estudo mencionado (presente neste volume), tratávamos de mostrar o quanto o livro impresso ainda é hegemônico no cenário da produção literária brasileira. Mesmo para autores que começam, se lançam e ficam conhecidos em canais digitais, é possível e provável que venham a lançar livros de papel em etapa posterior, como que a selar o reconhecimento como escritores, inclusive e principalmente para si mesmos. Mesmo com *best-sellers* considerados pouco literários ou completamente *trend* isso ocorre. Um livro, muito embora exista em várias tecnologias, em diversos ambientes de circulação, continua sendo uma espécie de patrimônio a ser alcançado nas redes editoriais.

Para mencionar apenas uma definição que nos tem intrigado[5], vejamos, mais uma vez, a da Unesco, publicada no site da instituição e em vigor ainda hoje: "Um livro é uma publicação impressa não periódica com pelo menos 49 páginas, entre capas exclusivas, publicada no país e disponibilizada ao público"[6]. O documento da Unesco é uma recomendação de padronização de definições para facilitar estatísticas e comparações entre países. O que pretendemos ver destacado nessa recomendação é que os livros sejam inequivocamente impressos para serem considerados livros. O texto da Unesco é de 1964, quando as questões ligadas ao livro digital ainda não podiam ser sequer imaginadas.

Em relação aos livros eletrônicos, é no sociólogo John B. Thompson (2013) que vamos nos fiar para admitir que o mercado editorial de obras digitais ainda não atingiu os níveis de consumo pretendidos pela indústria ou pela visão otimista de muitos. Aliás, nem os níveis de consumo e nem os de aceitação pelo leitor[7], a despeito da existência de belos projetos de edição digital[8]. Muito embora haja motivos para se ter um dispositivo de leitura de e-books, também os há para se descobrir uma espécie de

---

[5] Ver Ribeiro (2011; 2012; 2016).

[6] No original: "A book is a non-periodical printed publication of at least 49 pages, exclusive of the cover pages, published in the country and made available to the public" (UNESCO, 1964).

[7] Algumas pesquisas esparsas dão conta de que o leitor tem mesclado seus dispositivos de leitura, conforme sua vontade, não confirmando uma noção de concorrência e exclusão entre livros e outras mídias.

[8] Ver uma breve análise em Albarrán e Ribeiro (2013).

ecossistema das práticas de letramento, mesmo em países como o Brasil, considerado pouco letrado[9]. Nossa desconfiança é a de que os mecanismos de legitimação da literatura estejam também em busca de legitimar os suportes de leitura, nomeadamente o e-book, empreendendo esforços na direção da publicação de obras digitais e do fomento à leitura em dispositivos eletrônicos. O objetivo de descobrir novos autores ou de fomentar a criação literária para movimentar um segmento da economia transborda então, a fim de atingir também a produção de obras que estimulem o consumo de e-books e, é claro, de dispositivos eletrônicos dedicados à leitura. Mas como os prêmios literários têm se relacionado com isso?

Prêmios literários no Brasil contemporâneo

Muitos prêmios literários movimentam o Brasil, nas últimas décadas. Alguns são ligados a empresas ou à iniciativa privada, como o extinto Prêmio Nestlé[10], o atual Prêmio Oceanos, o Sesc[11] ou o Kindle[12] e outros, ligados a prefeituras e estados

---

[9] É o que dizem pesquisas como a Retratos da Leitura (INSTITUTO PRÓ-LIVRO, 2015) ou o Indicador Nacional de Alfabetismo Funcional, o Inaf (INSTITUTO PAULO MONTENEGRO/AÇÃO EDUCATIVA, 2012). Para uma história dos ebooks, ver Endo (2016); e para uma discussão sobre a recepção dos e-books por leitores, ver Mello Júnior (2016).

[10] O prêmio Nestlé foi criado em 1982 com o nome de Bienal Nestlé de Literatura e, em 1993, passou a se chamar Prêmio Nestlé de Literatura Brasileira. Foi extinto há muitos anos, mas ajudou a revelar gerações de escritores, tais como Marçal Aquino e Antônio Cícero, entre outros. Ver na Wikipedia: <https://pt.wikipedia.org/wiki/Pr%C3%Aamio_Nestl%C3%A9_de_Literatura_Brasileira>. Acesso em: 31 dez. 2016.

[11] O prêmio Sesc de Literatura foi lançado em 2003 com o objetivo de identificar escritores inéditos para edição e circulação nacional. Além do prêmio em dinheiro, as obras vencedoras são publicadas pela editora Record e distribuídas em todas as salas Sesc de leitura pelo Brasil. Ver em <http://www.sesc.com.br/portal/cultura/literatura/premio_Sesc_de_literatura/>.

[12] Prêmio recentíssimo, lançou em 2016 seu regulamento cujo objetivo era revelar romances inéditos. É ligado à Amazon com o apoio da editora Nova

brasileiros[13], integrantes de ações relacionadas a políticas públicas muito recentes no país. Todos eles, no entanto, serão mais jovens do que o Jabuti ou o Cidade de Belo Horizonte, com suas respectivas características, a serem vistas mais adiante.

O antigo Prêmio Portugal Telecom, atual Oceanos, foi criado em 2003 pela empresa de telecomunicações portuguesa para valorizar a literatura brasileira, mas logo, em 2007, ampliou seu escopo para escritores lusófonos. Essa ampliação deu a ele uma característica transnacional que terminou por ampliar os nomes e a circulação de obras em vários países de língua portuguesa, resultando em uma evidente ampliação de mercados. Talvez se possa afirmar que o Portugal Telecom, que ocupa nossa mídia por vários dias quando acontece, é um dos responsáveis por

---

Fronteira. Ver em: <https://www.amazon.com.br/b/ref=amb_link_R9RYt-de7QYOPlL5fS1qA_A_2?ie=UTF8&node=15281105011&pf_rd_m=A-1ZZFT5FULY4LN&pf_rd_s=merchandised-search-2&pf_rd_r=VBGVAF3AW3JC0TNTD4A9&pf_rd_r=VBGVAF3AW3JC0TNTD4A9&pf_rd_t=101&pf_rd_p=a85eef94-7498-4982-bab8-f2cbfedd38ed&pf_rd_p=a85eef94-7498-4982-bab8-f2cbfedd38ed&pf_rd_i=15281128011>. Acesso em 30 dez. 2016.

[13] Estados como Paraná, Rio de Janeiro e Pernambuco e prefeituras como Manaus ofereceram ou oferecem prêmios literários importantes. Por exemplo, o prêmio Paraná teve edições em 2012, 2013 e 2014 e retorna em 2017, boa premiação em dinheiro, publicação das obras inéditas e resgate de livros importantes que estejam esgotados (PARANÁ, s/d). Para outros exemplos, ver os prêmios literários Cidade de Manaus em <http://manauscult.manaus.am.gov.br/tag/premios-literarios-cidade-de-manaus> e o prêmio Cepe Nacional de Literatura, em Pernambuco, em <https://www.cepe.com.br/index.php/concursos/pr%C3%Aamio-cepe-nacional-de-literatura-2016.html>. Diversas cidades do Brasil contam com prêmios de menor divulgação, mas também importantes, como é o caso de Campos dos Goytacazes, com o Concurso Nacional de Contos José Cândido de Carvalho, que já passa das 26 edições. Ver em <http://www.campos.rj.gov.br/newdocs/1470766197RegulamentoConcursoContos.pdf>. O Rio de Janeiro, por meio da Secretaria de Estado da Cultura e da Fundação Cesgranrio, tem promovido o prêmio homônimo da cidade há três edições, com duas categorias importantes: obra publicada e novo autor fluminense.

conhecermos melhor alguns escritores portugueses ou africanos no Brasil hoje – não podemos afirmar que o mesmo ocorre daqui para outros continentes. Nos dias que correm, com a mudança de empresas, o Portugal Telecom tornou-se Oceanos e passou a ser organizado pelo banco Itaú, o que ainda mostrará seus efeitos[14].

O Prêmio Governo de Minas Gerais de Literatura, uma das melhores premiações atuais, em termos financeiros, para obras inéditas foi criado em 2007 com o fito de estimular a criação em Poesia, Ficção (conto), Jovem Escritor e Conjunto da Obra, auxiliando na divulgação de "nomes nacionais e abrindo espaço para os jovens escritores mineiros", por meio de uma espécie de "bolsa" para autores de menos de 30 anos (MINAS GERAIS... s/d). São objetivos expressos do regulamento, no item 1, conforme as categorias agraciadas, com grifos nossos:

> 1. DOS OBJETIVOS
> 1.1. O Edital Prêmio Governo de Minas de Literatura tem como objetivos:
> a) *Promover e divulgar a literatura mineira e brasileira* no País e no exterior por meio de premiação que homenageie *autor vivo e brasileiro* e que, pelo conjunto da obra, tenha contribuído de forma significativa para a *divulgação da literatura brasileira no país e no exterior*.
> b) *Promover e divulgar a literatura mineira e brasileira*, em língua portuguesa.
> c) Incentivar *tanto escritores já inseridos no mercado editorial como novos criadores*.

---

[14] Ver sobre o Oceanos em <http://www.itaucultural.org.br/oceanos2016/regulamento>. O prêmio é, atualmente, organizado por um banco, o Itaú, também ligado a um dos maiores grupos editoriais nacionais, o Grupo Companhia das Letras, atualmente sob sociedade com a Random House, um dos maiores do mundo. Ver histórico resumido em: <http://www.companhiadasletras.com.br/sobre.php>. No mesmo blog é possível conhecer todos os selos da Companhia, que faz um trabalho "agressivo" e competente na aquisição e na divulgação de seus autores e livros.

d) *Estimular a produção literária mineira.* (MINAS GERAIS, 2016)

Já o Prêmio Sesc, também muito visado, premia, desde 2003, obras inéditas sob pseudônimo, oferecendo, além de prêmio em dinheiro, contrato com grande editora (Record) e ajudando a revelar nomes que têm se fixado entre os novos autores da literatura brasileira.

O cobiçado e midiático Prêmio São Paulo de Literatura, outro exemplo atual, foi criado em 2008, com o objetivo de premiar obras já publicadas, em suas categorias (atualmente, autor, autor estreante com mais de 40 anos e autor estreante com menos de 40 anos)[15]. Trata-se, portanto, de um prêmio de vocação muito diversa dos dois anteriormente citados, a despeito de fazer parte de ações de fomento e revelação da literatura brasileira. Para amenizar essa característica reiterativa mas certamente de valorização, o PSPL tem premiado, em seus poucos anos de existência, além de boas obras de editoras poderosas no cenário nacional, alguns autores e editores que se revelam, a despeito de serem pequenos e independentes, embora quase nunca estejam fora do eixo Rio-SP.

O estado do Rio de Janeiro, pelo menos desde 2013 ou 2014, tem promovido uma premiação com características híbridas. O Prêmio Rio de Literatura aceita inscrições em duas categorias: na de obras publicadas, a ideia é premiar livros e autores que já têm circulação; na categoria de novo autor fluminense, a intenção é revelar talentos nascidos no estado. Trata-se, portanto, de uma

[15] O Prêmio São Paulo de Literatura foi criado em 2008 para integrar ações da Secretaria de Estado da Cultura de São Paulo. Seu objetivo era "estimular a produção e a divulgação literária brasileira, premiando anualmente autores e obras que se destacam pela qualidade e contribuição à literatura de nosso país". Outro objetivo foi o "estímulo aos novos talentos" e o "fortalecimento das políticas públicas do livro e da leitura no Estado de São Paulo" (SÃO PAULO, s/d). Este é, sem dúvida, o prêmio de mais alto valor do Brasil: R$ 400 mil, ao todo.

mescla de funções, com certa proteção da criação ali nascida e desenvolvida. São palavras retiradas do site oficial do PRL:

> A primeira edição do Prêmio Rio de Literatura, projeto da Fundação Cesgranrio em parceria com a Secretaria de Estado de Cultura, recebeu mais de 600 inscrições. A categoria 'Obras Publicadas' teve 356 obras inscritas; na categoria 'Novo Autor Fluminense', foram 195 inscrições. No total, 35 editoras de todo o Brasil inscreveram autores, entre elas Companhia das Letras, Record, Rocco, Cosac Naify, Intrínseca, Planeta, Zahar e Leya. (RIO DE JANEIRO, s/d)

Destacamos disso que citar os nomes de grandes grupos editoriais ajuda a compor um discurso de legitimação não de autores e editores, mas do próprio prêmio, ainda jovem em nossa paisagem literária.

É interessante notar a proliferação dessas premiações, o que certamente movimenta um mercado literário no Brasil, ainda que isso nem sempre se exprima nos números e nas vendas desses títulos. Talvez se possa afirmar que a movimentação grande da imprensa e dos próprios escritores em torno dessas premiações não consiga ainda atingir as profundezas do mercado editorial do Brasil, especificamente no "nicho" dos literários. No entanto, essas tentativas de movimentação não são todas dos anos 2000, como pode parecer com base no histórico recente dos prêmios citados antes.

A existência de prêmios literários brasileiros muito conhecidos remonta ao século XX. Certamente, ocorrências menos conhecidas existirão, dormentes entre lapsos de história pouco investigados, mas os prêmios mais amplamente conhecidos contam algumas décadas de existência. É o caso, por exemplo, do Prêmio Cidade de Belo Horizonte, criado em 1947 – 11 anos antes do Jabuti, em comemoração ao cinquentenário da capital mineira. É, portanto, o prêmio literário mais antigo do país, segundo histórico do site da Prefeitura de Belo Horizonte (PREFEITURA... s/d). A missão deste tipo de premiação é fomentar o surgimento de novos autores, em diversos gêneros literários, valorizando obras inéditas de autores que concorrem sob pseudônimo. Em 2016, o Cidade de Belo Horizonte contava com cerca de 1.700 inscrições de autores de todo o país e brasileiros que residem no exterior. Também na capital mineira, por meio de sua Fundação Municipal de Cultura, ocorre o Concurso João-de-Barro, dedicado especificamente à literatura infantil e juvenil.

O Prêmio Jabuti teve início em 1958, por meio da Câmara Brasileira do Livro, sob as diretorias de Edgar Cavalheiro e, subsequentemente, Diaulas Riedel, tendo como vencedores de sua primeira edição Jorge Amado (com *Gabriela, Cravo e Canela*, romance), Jorge Medauar (com *Água preta*, contos) e elegendo Sérgio Milliet como personalidade literária do ano (1959). Entre as categorias premiadas estavam História literária, Ensaios literários, Ilustração, Literatura infantil e Literatura juvenil. É oferecido a obras já publicadas e relativamente conhecidas do público.

O Jabuti[16] nasceu em um contexto social, política e editorialmente muito diferente do atual. Foi proposto com a intenção de estimular a articulação do segmento de edição, embora não contasse com o "entusiasmo" dos dirigentes da CBL, na época. O interesse era premiar autores, editores, ilustradores, livreiros e gráficos de destaque. Ao longo de sua história de quase seis décadas, o Jabuti passou por repaginações e ajustes, assim como foi cobiçado e sofreu muitas críticas. Atualmente, é reconhecidamente o mais importante e talvez mais popularmente conhecido

---

[16] O curioso nome do prêmio deve-se às ideias daquela época de "valorização da cultura popular brasileira, nas raízes indígenas e africanas, nas suas figuras míticas, símbolos seculares carregados de sabedoria e experiência de vida e legados de uma geração à outra" (CÂMARA..., s/d). Segundo o site da CBL, o nome foi inspirado em um personagem de Monteiro Lobato. A estatueta é obra do escultor Bernardo Cid de Souza Pinto, após vencer um concurso.

prêmio literário brasileiro dado a autores de livros já publicados, ao lado dos prêmios da Biblioteca Nacional e do Prêmio Oceanos, não exclusivamente brasileiro. Se nos idos dos anos 1960, o Jabuti era entregue sem pompa em uma sala da sede da CBL, em São Paulo, atualmente conta com uma festa em espaços nobres do país: a Sala São Paulo ou o auditório do Parque do Ibirapuera.

Quanto ao seu regulamento, o prêmio, que contava com apenas sete categorias quando foi criado, conta atualmente com cerca de 27 premiações, visando a estimular todas as etapas das redes do livro. Nos últimos anos, o número de inscrições para concorrer à estatueta chega a mais de 2.500 e a festa de entrega é um grande evento, inclusive midiático. Em 2015, a inovação no Jabuti ocorreu por conta da inclusão de uma nova categoria, que nos interessa de perto neste artigo: Infantil digital, abarcando "conteúdos para o público infantil combinados a elementos multimídia interativos" (CÂMARA..., s/d).

Apenas com esses exemplos é possível compreender que os prêmios literários, sejam eles oferecidos a obras inéditas ou a obras publicadas, são parte a se considerar nas redes de edição, incluindo-se questões de legitimação de autores, editores e outros personagens do circuito de criação artística ligado ao livro e à leitura. Muito embora sejam criticados como mecanismo de seleção ou legitimação, considerados excludentes ou distorcidos em relação à cultura do país, todos os prêmios existentes no Brasil expressam como objetivo a movimentação do segmento editorial e, mais especificamente, da literatura brasileira, o que significa não apenas sua valorização, mas sua continuidade diversificada e renovada, ao menos em tese.

A disputa acirrada por prêmios literários se confirma a cada ano. Autores inéditos tornam-se relativamente conhecidos após a edição de suas obras por editoras parceiras desses prêmios e outros, já conhecidos do público, angariam mais espaço na imprensa, em todas as plataformas, após polêmicas ou debates decorrentes de episódios ligados às premiações. Aspirantes a escritores veem-se impelidos a participar desse tipo de concorrência, assim como observam, não sem alarde em redes sociais, os resultados. Os circuitos da edição, cujas órbitas têm dimensões diversas, certamente não ignoram a existência de prêmios por todo o país, mas especialmente ligados aos estados do Sudeste, hipercentro do mercado editorial nacional e do debate literário, certamente com distorções e injustiças[17].

Livro e livro digital

Como já mencionado, o Prêmio Jabuti incluiu no edital de 2015 as obras da categoria "Infantil digital"[18]. Muito além de romances e poesia, a láurea alcança livros técnicos, profissionais da edição e adaptações de todo tipo. Tornou-se uma premiação que movimenta toda a rede do livro e da leitura, e não apenas autores e editores. O romance ganhador de 2015 foi *Quarenta dias*, de Maria Valéria Rezende, pela editora Objetiva. Na poesia, o autor carioca Alexandre Guarnieri venceu com o título *Corpo de festim*, publicado por uma pequena editora do Rio de Janeiro, a Confraria do Vento. O terceiro lugar acompanhou essa tendência, sendo a pequena editora Patuá, de São Paulo, a vencedora, com o título *A comédia de Alissia Bloom*, de Manuel Herzog.

[17] A escritora Maria Valéria Rezende, ganhadora do Jabuti de 2015, menciona esse tipo de distorção em entrevista ao jornal *O Globo* (REZENDE, 2016): "No Brasil sempre foi assim: o sujeito que queria ser escritor tinha que se mudar para Rio de Janeiro ou para São Paulo. É claro que isso cria distorções". Maria Valéria é natural de Santos, SP, mas reside, desde 1988, em João Pessoa, na Paraíba.

[18] Para ver o regulamento de 2016: <http://premiojabuti.com.br/wp-content/uploads/2016/05/premio-jabuti-2016-regulamento-rev02.pdf>. Acesso em: 27 dez. 2016. Em 2017, o regulamento está em: <http://www.premiojabuti.com.br/wp-content/uploads/2017/06/59-premio-jabuti-regulamento-2017.pdf>. Acesso em: 25 jun. 2017. No mais recente edital, o item sobre livros infantis digitais altera suas regras, exigindo ISBN das obras inscritas. É interessante observar essa mudança, que emprega a Lei do Livro (n. 10.753/2003) como fundamento.

O livro infantil digital merecedor do Jabuti 2015 foi *Meu aplicativo de folclore*, de autoria do renomado escritor Ricardo Azevedo, pela editora Ática. O segundo lugar foi dado ao título *Via Láctea de Olavo Bilac*, de Samira Almeida e Fernando Tangi, pela editora Storymax, e o terceiro foi *Flicts*, obra muito conhecida de Ziraldo, pela editora Melhoramentos e Engenhoca. Diante desse elenco, é possível dizer que a inclusão da possibilidade de concorrer com livros digitais a um prêmio considerado importante para a literatura brasileira movimenta não apenas um mercado de adaptações editoriais, como deve ter sido o caso de *Flicts*, mas também as parcerias entre editoras convencionais e novos modos de editar, em cooperação com programadores e outros esquemas profissionais. Provavelmente, iniciativas assim farão surgir editoras que operam sem pensar no impresso ou apenas tomando-o como referência para a criação de novos modos de editar, circular e consolidar qualidade em livros digitais. Não é de se esquecer, no entanto, que as editoras contempladas, à exceção da Storymax[19], são grandes e conhecidos grupos editoriais, com cacife para estenderem-se às novas possibilidades.

A Storymax assim se define, em seu site, com grifos nossos:

> StoryMax é uma *publicadora de app books* – livros digitais interativos para tablets e smartphones – que tem como missão *tornar a leitura mais atraente e envolvente para crianças e jovens do mundo inteiro*. Nossos app books são *clássicos literários, bem editados e ilustrados, com animações, sons e interatividades que tornam a leitura mais imersiva e engajadora*. Pensamos conteúdos complementares para *uso em sala de aula*, visando aprofundar discussões e *colher o melhor da experiência de leitura* e, por isso *nossos livros já são*

---

[19] O site estava no ar em : <http://www.storymax.me/pt/>. Acesso em: 28 dez. 2016. Em 2017, não está mais, o que também é motivo de reflexão. Ver uma notícia sobre a empresa em: <http://minasinova.com.br/startup-faz-livros-aplicativos-de-classicos-adaptados-ao-publico-juvenil/>. Acesso em: 25 jun. 2017.

> *adotados por centenas de escolas nos Estados Unidos e também no Brasil*. Fundada em 2012 com a publicação do app book Frankie for Kids, StoryMax chamou-se Y+B Digital Content por quase dois anos – período em que ganhou seus *primeiros prêmios internacionais e integrou eventos pelo mundo*. Ao participar do SEED – programa de aceleração e investimento semente para startups em Minas Gerais – *tem estruturado seu modelo de negócio e iniciado parcerias importantes para levar leitura como lazer, aprendizado e reflexão aos jovens leitores do século XXI*. (STORYMAX, s/d)

Destaque-se a descrição como "publicadora de app books", e não editora, nos moldes tradicionais. Também é de se notar a ênfase dada a um discurso sobre atração de leitores, envolvimento maior com eles por meio de tecnologias digitais, interatividade (um velho argumento de vendas, como já tratávamos em Ribeiro, 2010, apoiados em Sfez, 2000). Trata-se de um discurso que põe a solução para questões de leitura e letramento nas mãos da tecnologia, especialmente a nova e digital, oferecendo obras clássicas em novas roupagens, sem enfrentar questões que vão além disso e que tocam a renovação da literatura brasileira. A empresa, muito jovem e ainda pequena, é uma *start up* paulista, fomentada e impulsionada por um programa do governo do estado de Minas Gerais, com objetivos além-fronteiras. O fato de ganhar prêmios importantes auxilia na legitimação desse novo modelo de negócios, conforme a própria Storymax afirma sobre si, em sua página de apresentação.

Os livros digitais infantis aparecem no Prêmio Jabuti no item 3.19 do regulamento e mereceram esclarecimentos, certamente na tentativa de cercar situações difíceis ou inesperadas quanto à premiação, em uma categoria ainda tão nova. Vejamos, com nossos grifos:

> 3.19 INFANTIL DIGITAL
> O Prêmio Jabuti 2016 aceitará inscrições de *livros digitais*, compostos por *textos literários* destinados ao público infantil, que

3.19.1 Possuam *conteúdo textual integrado a elementos multimídia, interativos e hipertextuais.*
3.19.2 Disponham de *capa (ou tela inicial)* com o título do livro digital e *acesso direto aos diferentes conteúdos.*
3.19.3 Junto com a ficha de inscrição, o responsável por inscrever o livro digital nesta deverá fornecer o *link para acesso* ao mesmo, acompanhado de *login e senha válidos.*
3.19.3.1 A CBL não se responsabiliza pela desclassificação de um livro digital caso a senha enviada não permita *acesso integral e livre* a ele *em máquinas de uso corrente no Brasil.*
3.19.3.2 Os livros digitais *não concorrem a livro do ano ficção.*
3.19.3.3 *Excepcionalmente*, livros digitais inscritos nesta categoria estão *isentos de apresentação da ficha catalográfica e ISBN.* (CÂMARA, s/d, p. 5)

Note-se uma definição inicial de livro digital infantil, com a integração de modos semióticos e o acesso ou link direto. Interessante destacar a exposição de novas relações como a capa/tela, o acesso por meio de senhas e *log ins*, a compatibilidade com máquinas "de uso corrente no Brasil", a possibilidade de não apresentar ficha catalográfica e ISBN, além da exclusão destes livros da categoria de "livro do ano"[20].

Dos editais publicados pelos prêmios citados neste trabalho, sejam eles para obras inéditas ou já publicadas, apenas o Jabuti ampliou-se em direção aos livros digitais[21]. Esse tipo de ação não surpreende, já que parte da Câmara Brasileira do Livro, instituição

---

[20] Como já mencionado em nota, no regulamento do Jabuti 2017, a CBL passa a exigir número de ISBN e ficha catalográfica para inscritos na categoria Infantil digital, mantendo a decisão de estes livros não concorrerem ao "livro do ano".

[21] Alguns prêmios, como o Paraná e o Oceanos, recebem as obras concorrentes em pdf, por meio de sistemas eletrônicos, o que está longe de ser o mesmo que propõe o Jabuti.

fortemente relacionada ao mercado e às redes de edição, em todas as suas etapas. Outros editais e regulamentos de 2016, como o do Prêmio São Paulo de Literatura[22], o Cidade de Belo Horizonte[23], o Sesc e o Governo de Minas Gerais, para citar apenas alguns, sequer mencionam a palavra "digital" nos documentos. O caso de prêmios como o do governo de Minas[24] ou o Cidade de Belo Horizonte é específico, já que se trata de premiação para obras inéditas, ainda não processadas por editoras. No entanto, um livro literário digital de qualidade talvez possa concorrer, no futuro, quando esse tipo de obra for considerada entre as possibilidades. Muitos escritores têm trabalhado em livros cujos formatos escapam quase completamente à noção de livro impresso, como é o caso do poeta Álvaro Garcia, em *Poemas de brinquedo* (narrado pelo poeta Ricardo Aleixo)[25]. Trata-se de uma iniciativa que provavelmente ganhará outro tipo de prêmio, se não estiver prevista nas redes da criação editorial.

O Prêmio Rio de Literatura faz menção a obras digitais no item 2 de seu regulamento, que diz respeito às condições de participação dos candidatos. No entanto, trata-se de aspecto ligado ao ineditismo da obra, item obrigatório para a participação. O cálculo dos 25% ficará a cargo do candidato.

> 2.2.4 – A obra inscrita deve ser inédita, nunca tendo sido publicada. *Entende-se por publicação o processo de edição de uma obra literária impressa ou digital e sua dis-*

---

[22] Ver <http://www.premiosaopaulodeliteratura.org.br/wp-content/uploads/2016/04/EDITAL_PREMIO_-_2016.pdf>. Acesso em: 28 dez. 2016.

[23] Ver <http://portal6.pbh.gov.br/dom/iniciaEdicao.do?method=DetalheArtigo&pk=1155783>. Acesso em: 28 dez. 2016.

[24] Ver <http://www.cultura.mg.gov.br/images/documentos/EDITAL%20PR%C3%8AMIO%20GOVERNO%20DE%20MINAS%20GERAIS%20DE%20LITERATURA%20.pdf>. Acesso em: 28 dez. 2016.

[25] Ver <http://www.sitio.art.br/poemas-de-brinquedo/#conteudo>. Acesso em: 28 dez. 2016.

tribuição física ou virtual, em livrarias ou pela Internet. Será permitida a inscrição de obra cuja pequena parcela do conteúdo tenha sido publicada anteriormente em *blogs pessoais ou revistas eletrônicas*, desde que não ultrapasse *25% do total da obra.* (RIO DE JANEIRO, s/d.a, grifos nossos).

Já o Prêmio Oceanos[26] define, em seu regulamento, livro como um tipo de criação tanto impressa quanto digital, no entanto, exige-se ISBN para a participação.

1. CONCORRENTES
1.1. Oceanos – Prêmio de Literatura em Língua Portuguesa 2016 contemplará obras que atendam a todos os seguintes pré-requisitos:
1.1.1. Livros de criação literária – poesia, prosa de ficção, dramaturgia (com exceção de adaptações) e crônica – escritos originalmente em língua portuguesa, publicados em versão impressa ou digital.
1.1.2. Livros com primeira edição no Brasil entre 1º de janeiro e 31 de dezembro de 2015.
1.1.3. Livros com primeira edição nos demais países lusófonos entre 1º de janeiro de 2012 e 31 de dezembro de 2015, desde que:
1.1.3.1. os livros tenham sido editados entre 1º de janeiro e 31 de dezembro de 2015 por editora sediada no Brasil e publicados no Brasil nesse mesmo período.
1.1.4. Livros com comprovação de registro ISBN emitido por órgão brasileiro, considerados os requisitos anteriores.
1.2. Não serão aceitas inscrições de livros infantis e juvenis, biografias, livros de ensaios e nos demais gêneros não ficcionais.

---

[26] Ver <http://www.itaucultural.org.br/oceanos2016/regulamento>. Acesso em: 28 dez. 2016.

1.3. Estarão sujeitos a desclassificação, sob critério da Curadoria, em quaisquer etapas do prêmio, livros que tenham substancial conteúdo já publicado anteriormente em obra de autoria do próprio autor.

O caso específico do Prêmio Kindle de Literatura[27] merece ser destacado. Trata-se de um prêmio recentíssimo, oferecido pela Amazon, a imensa livraria virtual responsável por grandes mudanças no modelo de negócios do livro nas últimas décadas (THOMPSON, 2013). O nome dado à premiação refere-se ao próprio dispositivo de leitura da Amazon, o Kindle, evidenciando a relação entre as obras a serem reveladas e a leitura de livros digitais.

O regulamento do Prêmio Kindle prevê um fluxograma bastante diferente do que temos visto em outros regulamentos e editais. Em primeiro lugar porque a definição de "romance", único gênero permitido, está aberta à ficção científica, fantasia, suspense, policial e outros que se espraiam para muito além do livro literário mais estrito. Em segundo porque a premiação se inicia com a autopublicação pelo autor, na plataforma de publicação que a Amazon já disponibiliza. Vejamos a alínea *a* do item II do regulamento, com nossos grifos:

> A inscrição no Prêmio será realizada mediante *autopublicação de obras inéditas na plataforma Kindle Direct Publishing da Amazon* (a "Plataforma KDP"). *As obras publicadas serão disponibilizadas para venda a consumidores*

---

[27] Ver regulamento e informações em <https://www.amazon.com.br/b/ref=amb_link_R9RYtde7QYOPlL5fS1qA_A_2?ie=UTF8&node=15281105011&pf_rd_m=A1ZZFT5FULY4LN&pf_rd_s=merchandised-search-2&pf_rd_r=VBGVAF3AW3JC0TNTD4A9&pf_rd_r=VBGVAF3AW3JC0TNTD4A9&pf_rd_t=101&pf_rd_p=a85eef94-7498-4982-bab8-f2cbfedd38ed&pf_rd_p=a85eef94-7498-4982-bab8-f2cbfedd38ed&pf_rd_i=15281128011>. Acesso em 30 dez. 2016.

finais, de acordo com os termos e condições da Plataforma KDP. Ao submeter a obra (a "Obra Inscrita") para publicação, o(a) autor(a) deverá cadastrar a obra no programa KDP Select, *indexá-la com a palavra-chave de pesquisa #premiokindle* e ao escolher a categoria que seu livro será cadastrado, selecionar "Ficção", dentro de Ficção selecionar "Romance", e alguma subcategoria existente dentro de "Romance", como por exemplo: Fantasia, ficção científica, suspense, histórico, romântico entre outras.

O julgamento das obras concorrentes é feito por comissões de especialistas indicadas pela Amazon e pela Nova Fronteira, tendo como critério o "mérito literário". São, então, selecionadas dez obras finalistas, que terão um "plano especial de marketing na Loja Kindle". Esses autores já serão remunerados, conforme normas da plataforma, pelas vendas de seus livros.

Dos dez livros pré-selecionados, três são semifinalistas e apenas um vence o prêmio, em uma cerimônia por ocorrer em janeiro de 2017[28]. A obra vencedora será publicada e distribuída no formato impresso (!) pela editora Nova Fronteira[29], mas também na forma de audiolivro pela Audible Inc., além do prêmio de R$ 20 mil em dinheiro. O(a) ganhador(a)[30] cederá os direitos de

---

[28] Quando este artigo estava sendo escrito, em dezembro de 2016, o prêmio ainda estava em andamento. Já em meados de 2017, pode-se contar o final da história: o Prêmio Kindle foi atribuído a uma autora, a professora Gisele Mirabai, pela obra intitulada *Machamba*. O perfil de livro procurado pode ser entrevisto pelos que estão atentos ao mercado editorial. Para uma notícia sobre o assunto, ver <http://www.publishnews.com.br/materias/2017/01/17/gisele-mirabai-leva-o-premio-kindle-de-literatura>. Acesso em: 25 jun. 2017.

[29] A Nova Fronteira é uma editora convencional, hoje parte do grupo Ediouro, fundado no Brasil na primeira metade do século XX.

[30] É importante mencionar os dois gêneros entre ganhadores de prêmios pois a discussão sobre a representatividade feminina na literatura brasileira é tema candente, embora não tratemos dele aqui, mas tratamos, de alguma maneira,

seu livro à Nova Fronteira e à Audible, conforme contrato, entre outras condições, ao que parece abrindo mão de seus direitos autorais, na forma convencional.

Constam ainda nas disposições gerais do regulamento que as inscrições ao Prêmio Kindle são gratuitas, sendo livre a quantidade de obras que cada autor pode inscrever; que a forma de inscrição será por meio da plataforma da Amazon, sendo que os livros ali publicados devem ter caráter exclusivo enquanto o concurso durar, até a data de divulgação final do vencedor, e a obra ganhadora será exclusiva, mesmo que o autor não assine contrato com a Nova Fronteira; que os autores inscritos cedem seus direitos de locação e assinatura das obras pela Amazon, sendo já remunerados; que só participam obras escritas por um único autor, sendo vedadas coautorias e obras póstumas; que obras que não ganharem o prêmio podem se manter na plataforma, se os autores o desejarem, mas podem também ser retiradas; e que o ganhador do prêmio e os finalistas já autorizam de antemão o uso de seus nomes, imagens e voz para divulgação em qualquer tipo de mídia, sem ônus para a Amazon, pelo período de um ano.

Trata-se, portanto, de um tipo bastante inovador de prêmio literário, com a utilização, desde a primeira etapa, de uma plataforma digital e de um modelo de negócios ainda muito recente para as redes convencionais de edição. Aspectos como os direitos

---

em Ribeiro (2016a). Outro aspecto que vem sendo discutido, embora ainda pouco, é a onda de conservadorismo que afeta a criação literária. Que isso já ocorra às obras que passam pelo filtro escolarizado dos editais de compras governamentais é até compreensível, mas também a regulamentos de concursos literários, é de se estranhar. Alguns prêmios têm incluído em seus editais alíneas que dispõem sobre textos ou obras que respeitem os bons costumes ou não atentem contra a moral, o que é digno de nossa perplexidade, em se tratando de literatura. Ver, por exemplo, edital do prêmio Sesc de contos Machado de Assis 2015, que fala em "bem-estar e valores morais": <https://www.sescdf.com.br/wp-content/uploads/2015/06/Regulamento_Machado_de_Assis.pdf>. Acesso em: 31 dez. 2016.

autorais e o controle sobre a difusão da obra são substituídos por práticas muito novas, se pensarmos na história do livro. O Prêmio Kindle traz ainda outras reflexões à tona, já que o aspecto literário e artístico esteve relacionado a obras visivelmente *trend*, que costumam causar polêmica antiga sobre o que seja literatura e outras questões de difícil resposta. Livros de fantasia ou policiais que se tornam best-sellers são excelentes negócios para as empresas, mas nem sempre são associados à literatura, ao cânone literário e mesmo a outros prêmios. Também é curioso que, nesta premiação, um dos ganhos seja justamente a publicação impressa, por uma editora de renome.

Esse tipo de parceria se parece com a parceria Sesc/Record, no entanto as características dos livros ganhadores são bastante diferentes. Mencione-se também que o Prêmio Sesc mantém o circuito de publicações convencional, sem o uso de plataformas digitais. Sua intenção é revelar obras e autores da literatura brasileira, o que tem sido levado a efeito. Às vezes, são revelados autores realmente jovens e iniciantes, com talento evidente; outras vezes, as obras "reveladas" são de autores que, na realidade, já contam com anos ou décadas de experiência, além de não serem tão jovens, mas que terminam por encontrar sua primeira chance de serem vistos e valorizados por um prêmio nacional, com publicação por uma editora grande, do eixo Rio-SP. Na verdade, como a visibilidade fora do eixo é quase impossível, assim como o alcance nacional de um livro ou autor, esses prêmios são caminhos para se chegar ao foco dos holofotes, que não se movem em direção a outros espaços. A despeito disso, é justo registrar que o Sesc seja um dos mais efetivos incentivadores da criação literária no país, inclusive por meio de programas como o Arte da Palavra, bastante descentralizado.

De fato, mais um efeito da profusão de prêmios existentes no Brasil – e que fique clara a necessidade de que existam e que sejam cada vez mais aperfeiçoados em seus regulamentos, além de disseminados – é a cascata que eles terminam por configurar. O(a) ganhador(a) de um prêmio para obras inéditas muitas vezes consegue a edição de seu livro por uma das poucas editoras que mantêm a hegemonia de mercado e de visibilidade no país. Com isso, passam, automaticamente, a frequentar os grandes eventos[31], as páginas de cultura dos jornais de ampla circulação, programas de TV e outras premiações para obras editadas, isto é, receber o Prêmio Sesc pode significar – embora isso não seja assim tão determinista – receber outros prêmios, tais como o Jabuti, o prêmio da Associação Paulista de Críticos de Arte de São Paulo (APCA, uma espécie de redoma para poucos que podem ser enxergados) e outros que servem para reiterar obras que já circulam com a força que somente grandes grupos editoriais conseguem ter. Uma lástima que sejam tão poucos em um país tão grande e tão diverso.

Considerações finais

Desde pelo menos meados do século XX, por questões explicitamente ligadas ao estímulo do mercado editorial e, em bem menor escala, à formação de mais intensas práticas de letramento da população, o Brasil conta com premiações literárias de diversas naturezas. No decorrer do século, essas premiações foram ganhando corpo e número, trazendo-nos hoje a um cenário difícil de acompanhar. São dezenas, talvez centenas de prêmios oferecidos

---

[31] É muito interessante o depoimento da escritora carioca Marta Barcellos, ganhadora do Prêmio Sesc de 2015 com a obra *Antes que seque*, no blog Estudos Lusófonos, ligado ao grupo de pesquisa do prof. Leonardo Tonus, na Universidade de Paris-Sorbonne 4. Diz a autora: "O circuito que um escritor normalmente demora a frequentar, um ganhador do Prêmio Sesc de Literatura conquista da noite pro dia. O.k., nem tanto; não se trata de um dia acordar escritor, porque para ganhar o prêmio o tal iniciante sempre tem uma intensa – e discreta – trajetória de escrita. Mas, um telefonema (Marta, você ganhou o Prêmio Sesc) e pronto, acaba a discrição. De repente me vi catapultada ao tal circuito, antes de ter chance de naturalizá-lo como parte da vida de um escritor". (BARCELLOS, 2016).

por diversas instâncias, como empresas, governos ou outros. Cada um desses prêmios está apoiado sobre um regulamento ou edital, que define não apenas normas de funcionamento e prazos, mas também o que seja literatura e o que seja um livro.

Na atualidade, um livro não precisa mais ser um objeto impresso e envolto em capas, como preconiza a Unesco. A literatura também desliza entre as obras artísticas candidatas a um cânone escolar ou nacional e livros de aspecto muito mais mercadológico, e pouco aproximado de questões de linguagem e criatividade. Em ambos os casos, no entanto, são objetos de negócio. Os prêmios, portanto, são parte de alguma etapa das redes do livro, promovendo o movimento da revelação de autores, obras, editores e mesmo fazendo pontes entre escritores e editoras de grande porte. Toda essa movimentação, no entanto, não necessariamente alcança o leitor em massa ou modifica as questões de leitura, letramento e mediação no país.

O livro literário digital entra nos prêmios também para que algo se movimente nessa indústria. O prêmio legitima o livro dessa natureza, que passa a ser visto e aceito como uma das possibilidades "de valor", provavelmente estimulando outras editoras e autores a produzirem obras em outras plataformas, além do impresso. Por outro lado, os livros vencedores dessas premiações em categorias tão emergentes usam a chancela desses prêmios na tentativa de angariar a confiança e a visibilidade pelo público ou por outros autores e editores[32]. Os efeitos disso ainda estão por se revelar, tanto no mercado editorial brasileiro quanto na relação com os leitores/consumidores.

Um texto como este é pouco para se tentar mostrar um circuito tão complexo e móvel como o dos livros, da literatura e do comércio de livros, em um país como o Brasil. Todos os prêmios,

---

[32] Para um exemplo evidente disso, era só observar a página da publicadora de aplicativos Storymax, que propagandeou fortemente o fato de ter ganhado um Jabuti, em uma explícita demonstração de transferência de valor. Em junho de 2017 o site não está mais no ar. Ver em: <http://www.storymax.me/pt/>.

editais e empresas aqui mencionados e eventualmente analisados podem estar, no momento da leitura deste texto, em outros pontos do mapa dos estudos de edição: novos editais já surgiram, regulamentos foram alterados, novas tecnologias foram admitidas e autores foram revelados. No entanto, é preciso que se registre e discuta a configuração atual da questão, que se movimenta ao sabor da criação artística, é claro, mas principalmente das estratégias de associações, câmaras, governos, empresas e editores. Além disso, processos complexos, como o da hegemonia de alguns poucos estados brasileiros, criam distorções que terminam por abafar ou soterrar iniciativas que existem em todo o país, mas que não encontrarão espaço e voz. Com todas as limitações conhecidas, esperamos ter ao menos fomentado o debate sobre livro, literatura e as redes da edição brasileira.

Referências

ALBARRAN, Alí A.; RIBEIRO, Ana Elisa. As fronteiras do livro. In: CONGRESSO BRASILEIRO DE CIÊNCIAS DA COMUNICAÇÃO, 36., Manaus, 2013. *Anais...* p. 1-15, 2013.

BARCELLOS, Marta. A literatura precisa circular. Entre selfies e livros. *Estudos lusófonos*. 19 out. 2016. Disponível em: <http://etudeslusophonesparis4.blogspot.com.br/2016/10/a-literatura-precisa-circular.html>. Acesso em: 31 dez. 2016.

BOGADO, Fernando. Dos hombres y un libro interminable. Roger Chartier y Carlo Ginzburg. *Pagina 12*, Radar Libros, 24 dez. 2016.

CÂMARA BRASILEIRA DO LIVRO – CBL. História. Prêmio Jabuti. s/d. Disponível em: <http://premiojabuti.com.br/o-jabuti/historia/>. Acesso em: 26 dez. 2016.

CÂMARA BRASILEIRA DO LIVRO – CBL. Prêmio Jabuti 2016. *Regulamento*. s/d1. Disponível em: <http://premiojabuti.com.br/wp-content/uploads/2016/05/premio-jabuti-2016-regulamento-rev02.pdf>. Acesso em: 28 dez. 2016.

DE DIEGO, José Luis. *La otra cara de Jano*. Una mirada crítica sobre el libro y la edición. Ciudad Autónoma de Buenos Aires: Ampersand, 2015.

DOMINGUES, Rachel Bertol; VIEIRA, Itala Maduell. O circuito do livro Formas de acesso à literatura na contemporaneidade (Brasil anos 2000). *Revista Brasileira de História da Mídia*, v. 4, n. 2, p. 79-87, jul. 2015.

ENDO, Whaner. (Re)imaginando o eBook e a cadeia de produção do livro digital. XXXIX CONGRESSO BRASILEIRO DE CIÊNCIAS DA COMUNICAÇÃO – São Paulo, SP, *Anais...* 5 a 9 set. 2016. Disponível em: <http://portalintercom.org.br/anais/nacional2016/resumos/R11-2245-1.pdf>. Acesso em: 31 dez. 2016.

INSTITUTO PAULO MONTENEGRO/AÇÃO LEITURA. Inaf 2011/2012 - Instituto Paulo Montenegro e Ação Educativa mostram evolução do alfabetismo funcional na última década. *Instituto Paulo Montenegro*, 5 fev. 2012. Disponível em: <http://www.ipm.org.br/pt-br/programas/inaf/relatoriosinafbrasil/Paginas/inaf2011_2012.aspx>. Acesso em: 30 dez. 2016.

INSTITUTO PRÓ-LIVRO. *Retratos da leitura no Brasil*. 4ª edição. 2016. Disponível em: <http://prolivro.org.br/home/images/2016/Pesquisa_Retratos_da_Leitura_no_Brasil_-_2015.pdf>. Acesso em: 30 dez. 2016.

MELLO JUNIOR, José de. A recepção do e-book no Brasil: Uma pesquisa quantitativa com leitores nativos e imigrantes digitais. XXXIX CONGRESSO BRASILEIRO DE CIÊNCIAS DA COMUNICAÇÃO – São Paulo, SP, *Anais*... 5 a 9 set. 2016. Disponível em: <http://portalintercom.org.br/anais/nacional2016/resumos/R11-2647-1.pdf>. Acesso em: 31 dez. 2016.

MIHAL, Ivana. Bibliodiversidad: una mirada a las políticas culturales estatales. II SEMINARIO INTERNACIONALDE POLÍTICAS CULTURAIS. *Anais*..., Fundação Casa Rui Barbosa, Rio de Janeiro, 2011.

MINAS GERAIS. Secretaria de Estado da Cultura. Superintendência de Bibliotecas Públicas e Suplemento Literário de Minas Gerais. *Edital Prêmio Governo de Minas Gerais de Literatura*, 2016. Disponível em: <http://www.cultura.mg.gov.br/images/documentos/EDITAL%20PR%C3%8AMIO%20GOVERNO%20DE%20MINAS%20GERAIS%20DE%20LITERATURA%20.pdf>. Acesso em: 28 dez. 2016.

MINAS GERAIS. Secretaria de Estado da Cultura. Superintendência de Bibliotecas Públicas e Suplemento Literário de Minas Gerais. *Governo de Minas Gerais entrega Prêmio Governo de Minas Gerais de Literatura*. s/d. Disponível em: <http://www.bibliotecapublica.mg.gov.br/index.php/pt-br/noticias/79-governo-de-minas-gerais-entrega-premio-governo-de-minas-gerais-de-literatura>. Acesso em: 26 dez. 2016.

MUNIZ JÚNIOR, José de Souza. *El libro argentino y la globalización editorial*. Buenos Aires: Cursos Virtuales Instituto de Desarrollo Económico y Social, 2017.

PARANÁ. Secretaria da Cultura. Biblioteca Pública do Paraná. *Prêmio Paraná divulga resultado no fim de novembro*, s/d. Disponível em: <http://www.bpp.pr.gov.br/modules/conteudo/conteudo.php?conteudo=69>. Acesso em 27 dez. 2016.

PREFEITURA DE BELO HORIZONTE. Fundação Municipal de Cultura. *Edital Prêmio Cidade de Belo Horizonte*. Disponível em: <http://www.bhfazcultura.pbh.gov.br/content/edital-pr%C3%Aamio-cidade-de-belo-horizonte>. Acesso em: 26 dez. 2016.

REZENDE, Maria Valéria. Maria Valéria Rezende lança romance inspirado em, sua atuação contra ditadura. Entrevista a Guilherme Freitas. *O Globo*, Cultura, 6 jan. 2016. Disponível em: <http://oglobo. globo.com/cultura/livros/maria-valeriarezende-lanca-romance-inspirado-em-sua-atuacao-contra-ditadura-3-18407009>. Acesso em: 9 fev. 2016.

RIBEIRO, Ana Elisa. Discursos sobre leitura e interatividade em reformas gráfico-editoriais de jornais impressos em tempos de tecnologias digitais. *Estudos em Jornalismo e Mídia*, Ano VII, n. 1, p. 110-122, Jan./Jun. 2010. Disponível em: <https://periodicos.ufsc.br/index.php/jornalismo/article/viewFile/1984-6924.2010v7n1p110/12702>. Acesso em 28 dez. 2016.

RIBEIRO, Ana Elisa. Ler na tela - O que é, hoje, um livro?. In: MARTINS, Aracy Alves; MACHADO, Maria Zélia Versiani; PAULINO, Graça; BELMIRO, Celia Abicalil. (Org.). *Livros & telas*. Belo Horizonte: Editora da UFMG, 2011, v. 1, p. 93-106.

RIBEIRO, Ana Elisa. The book is on the tablet: Visadas no discurso sobre o livro digital na imprensa. XXXIV CONGRESSO BRASILEIRO DE CIÊNCIAS DA COMUNICAÇÃO – Recife, PE, *Anais...* 2 a 6 de set. 2011a. Disponível em: <http://www.intercom.org.br/papers/nacionais/2011/resumos/R6-0041-1.pdf>. Acesso em 28 dez. 2016.

RIBEIRO, Ana Elisa. O que é e o que não é um livro. Materialidades e processos editoriais. *Fórum Linguístico*, Florianópolis, v. 9, n. 4, p. 333-341, out./dez. 2012. Disponível em: <https://periodicos.ufsc.br/index.php/forum/article/view/1984-8412.2012v9n4p333/24236>. Acesso em 2 dez. 2016.

RIBEIRO, Ana Elisa. Questões provisórias sobre literatura e tecnologia: um diálogo com Roger Chartier. *Estudos de Literatura Brasileira Contemporânea*, n. 47, p. 97-118, jan./jun. 2016.

RIBEIRO, Ana Elisa. Edição e legitimação literária: Vestígios em cartas de escritoras mineiras do século XX. XXXIX CONGRESSO BRASILEIRO DE CIÊNCIAS DA COMUNICAÇÃO – São Paulo, SP, *Anais...* 5 a 9 set. 2016a. Disponível em: <http://portalintercom.org.br/anais/nacional2016/resumos/R11-0192-1.pdf>. Acesso em: 31 dez. 2016.

RIO DE JANEIRO. Secretaria de Estado de Cultura/Fundação Cesgranrio. *Prêmio Rio de Literatura*, s/d. Disponível em: <http://cultural.cesgranrio.org.br/premio-rio-de-literatura/>. Acesso em: 27 dez. 2016.

RIO DE JANEIRO. Secretaria de Estado de Cultura/Fundação Cesgranrio. *Prêmio Rio de Literatura*, Edital 2016, s/d.a. Disponível em: <http://cultural.cesgranrio.org.br/premio-rio-de-literatura-edital-2016/>. Acesso em: 28 dez. 2016.

SÃO PAULO. Secretaria de Estado da Cultura. *O prêmio*. s/d. Disponível em: <http://www.premiosaopaulodeliteratura.org.br/o-premio/>. Acesso em: 27 dez. 2016.

SFEZ, Lucien. *Crítica da comunicação*. 2 ed. Trad. Maria Stela Gonçalves e Adail Ubirajara Sobral. São Paulo: Loyola, 2000.

STORYMAX. *Site*. s/d. Disponível em: <http://www.storymax.me/pt/>. Acesso em: 28 dez. 2016.

THOMPSON, John B. *Mercadores de cultura*. Trad. Alzira Allegro. São Paulo: Editora Unesp, 2013.

7. Redes de edição e redes sociais: cruzamentos e questões

Um fluxograma tradicional de edição de livros impressos – apenas para tomar um exemplo de produto editorial – teria início no "original" de uma obra e desaguaria nas estratégias estudadas e trabalhadas para que esse livro chegasse até seu público. Em condições analógicas, esse texto original existiria na forma de cópias físicas manuscritas ou datilografadas, o que é sensivelmente diferente dos originais digitais que hoje existem.

Jorge Martins (2005) afirma, no entanto, que a edição de um livro começa muito antes de sua existência como texto, sendo possível criar a necessidade dele antes mesmo de encomendá-lo a um autor. Em muitos casos, os livros – analógicos ou digitais – se vendem antes de existirem propriamente, como mostra Pablo Araújo (2013), se pensarmos especificamente em modelos de financiamento como o *crowdfunding*[1].

Tanto para editores quanto para escritores, as formas de produzir livros passam por mudanças importantes, isso pelo menos desde os anos 1970, quando obras "marginais" começaram a circular depois de feitas por meio de tecnologias menos restritas, como o mimeógrafo, por exemplo. No entanto, a chegada de tecnologias digitais cria redes de conversação em torno das obras e modos de distribuí-las que transformam toda a rede editorial, incluindo-se seu processo produtivo mais original[2].

---

[1] Modelo de financiamento em que o editor-autor propõe a publicação por meio de uma plataforma digital e o público investe quantias variáveis, acreditando no projeto. É uma espécie de "vaquinha" ou venda por assinatura.

[2] *Grosso modo*, não existem mais obras analógicas, se pensarmos que mesmo os livros impressos são produzidos a partir de um arquivo digital. O mesmo

Ao contrário do que apregoa um discurso segundo o qual o livro é um objeto para ser lido de forma solitária ou para "viajar", tanto em Bahloul (2002) quanto em Bayard (2007) é possível divisar como a leitura e o livro participam, fortemente, das redes sociais e ajudam a estreitar laços. Segundo Bahloul (2002, p. 31, tradução minha),

> a leitura não é uma prática social apenas porque classifica ou está classificada na hierarquia dos níveis sociais, mas também porque dá origem a interações e intercâmbios sociais. Tampouco é, como afirma a representação tradicional, um ato de intimidade pura ou de retraimento individualista ilhado do mundo e da sociedade. A leitura está totalmente imbricada na organização e nas condições sociais. A iniciativa da leitura, a recepção e a circulação dos conhecimentos adquiridos, as representações do livro e da leitura atuam no marco das "redes" de socialização.

Araújo (2012, p. 20-21, tradução minha) formula a seguinte pergunta, a partir do estudo que empreende sobre a formação de uma biblioteca privada, no início do século XX, em Belo Horizonte, MG: "Que processos e redes sociais interferem na formação de uma coleção?", o que demonstra que há indícios da rede registrados nos objetos e nas coleções particulares.

Este trabalho trata das formas atuais de se pensar uma obra, especialmente a impressa, e se fundamenta na experiência de um grupo contemporâneo de editores, escritores e escritores-editores brasileiros muito atuante nas "redes sociais". Estas, que sempre estiveram em ação para a movimentação dos textos, são, agora, somadas às tecnologias digitais, o que parece transformar um tanto a atividade destes profissionais.

arquivo pode gerar produtos com modalizações diversas, assim como ensejar práticas de leitura diferenciadas.

Redes sociais

As redes sociais sempre existiram, não sendo de outra forma que interagimos no mundo, desde tempos remotos. A expressão ganha nova roupagem na atualidade por conta das tecnologias digitais que as transformam em conexões explícitas em ambientes eletrônicos. As redes sociais de Clarice Lispector, por exemplo, brevemente descritas em Ribeiro (2013, 2013a), são as responsáveis pela dinâmica de publicação e divulgação de uma das escritoras mais consagradas do Brasil, inclusive nas atuais "redes sociais".

Redes sociais sempre interessaram mormente à Sociologia, campo do saber frequentemente invocado para tratarmos do assunto. Recuero (2009) acusa a existência desses estudos ao longo do século XX e passa, então, ao estudo das "redes sociais na internet", considerando as mudanças importantes que a informática trouxe para as conexões entre pessoas e seus capitais sociais (numa alusão ao sociólogo Pierre Bourdieu, conhecido pela ideia das "trocas simbólicas").

Segundo Raquel Recuero (2012, p. 127), as "redes sociais" são "uma metáfora estrutural. Ou seja, as redes são metáforas para os grupos humanos, onde se procura compreender suas inter-relações". Na obra de 2009 (p. 25), a autora afirma que as redes sociais na internet têm características próprias. São formadas pelos "atores" e pelas "conexões" entre eles, no entanto, de maneiras diferenciadas daquelas já descritas para as interações no mundo analógico.

O sociólogo Manuel Castells (2007) atribui o início das "redes sociais" na internet à criação do Minitel francês, um dispositivo de 1978 que permitiu aos indivíduos se conectarem e tratarem de suas vidas pessoais. Na obra de Castells (2007a), ele mostra uma série de estudos que oscilam entre considerar a internet um ambiente mágico de sociabilidades ampliadas e, ao contrário, tratá-lo como perigoso e alienante. O fato, no entanto, é que, segundo

Castells (2007a, p. 155), o computador e a internet criam "novos suportes tecnológicos para a sociabilidade, que eram diferentes, mas não por isso inferiores, às formas anteriores de interacção social". Segundo o autor, a emergência do que ele chama de "individualismo em rede" é um modelo social amplamente propiciado pela Internet e que vem ganhando espaço entre todos nós.

> O individualismo em rede constitui um modelo social, não uma colecção de indivíduos isolados. Os indivíduos constroem as suas redes, *on-line* e *off-line*, sobre a base dos seus interesses, valores, afinidades e projectos. Devido à flexibilidade e ao poder de comunicação da Internet, a interacção social *on-line* desempenha um papel cada vez mais importante na organização social no seu conjunto. Quando se estabilizam na prática, as redes *on-line* podem construir comunidades, ou seja, comunidades virtuais, diferentes das comunidades físicas, mas não necessariamente menos intensas ou menos eficazes em unir e mobilizar. (CASTELLS, 2007a, p. 161)

É nesse "unir e mobilizar" que parecem se concentrar editores e escritores, na busca de autores novos, novos livros e pela difusão, ao fim e ao cabo, da (sua) literatura. É num outro sociólogo, no entanto, que encontramos a redefinição da "cadeia do livro" como, na verdade, uma rede de interações para a mediação do livro (Martins, 2005). Jorge Martins trata dos "atores sociais do livro" (p. 267), além de nos oferecer duas definições importantes para este trabalho, quais sejam a de edição como "actividade que consiste em orquestrar os diferentes processos que transformam em um objeto impresso (pronto a ser distribuído aos leitores) aquilo que não passava de projecto no espírito do autor" (p. 53) e a de editor:

> alguém capaz de coordenar múltiplas operações, como as de seleccionar (escolher, separar, recusar, preferir, decidir...) e preparar originais, planificar e gerir as dife-

rentes etapas da transformação dos originais em obras e fazer com que estas cheguem ao mercado a que se destinam. (MARTINS, 2005, p. 53)

Para Martins (2005, p. 264), "o bastião central da resistência às forças do mercado é hoje constituído por pequenos editores inovadores e virtuosos por obrigação", o que nos aproxima dos sujeitos que serviram como fontes deste trabalho.

Num venerável movimento de independer das grandes editoras – cujos processos estão ligados à estabilidade e às certezas possíveis –, desde sempre os próprios autores tentam se empoderar, inclusive em termos de meios, recursos e competências, para atuar por conta própria, e tornam-se editores (de si e dos outros)[3]. Computadores e editores de texto/imagem inserem-se nesse processo, permitindo que pessoas antes alijadas da rede editorial ou dependentes de um processo "profissional" possam, elas mesmas, geralmente os próprios autores, tornar-se editores e atuar, até um tanto guerrilheiramente, nesse campo. Na atualidade, tornam-se, então, escritores-editores -marketeiros-distribuidores-vendedores, entre outras atribuições – das quais não se furtam. Nesse movimento, novos autores se lançam, tornam-se conhecidos e disputam lugares na memória da cultura e no cânone. A despeito de todo este trabalho numa esfera ainda não canônica, é comum que estes pequenos autores, ao tornarem-se conhecidos e respeitados, tratem logo de aceitar convites das grandes editoras, o que, ao cabo, parece que é o que sempre almejaram.

Dinâmica do trabalho

Grande parte dos editores de pequenas editoras, no Brasil, é, antes de tudo, autor. Com a ampliação do "poder semiótico" (KRESS, 2003) de todos nós por conta dos equipamentos disponíveis e da relativa facilidade de aprendermos novos modos de expressão, muitos autores tornam-se editores de seus próprios

---

[3] Discussão que aprofundei um pouco no capítulo 2 deste volume.

projetos, que resultam em materialidades que nada deixam a desejar em relação aos livros de editoras de grande porte. Os livros da Editora Patuá, de São Paulo, ou da Jovens Escribas, de Natal, ou da Relicário, de Belo Horizonte, por exemplo, são tratados, em termos gráficos e projetuais, com o mesmo profissionalismo que qualquer outra editora dispensaria.

Em razão disso e de muitos desses editores/autores estarem nas "redes sociais", especialmente no Facebook e no Twitter, solicitamos a nove[4] deles que respondessem a um breve questionário padronizado. As perguntas dirigidas a todos foram:

> [1] Como e quando você entrou nas redes sociais e em quais delas? (Twitter, Orkut, Facebook, outras)
> [2] Em que proporção os usos que você faz de redes sociais digitais está ligado à sua atividade como editor ou autor?
> [3] Que usos autorais/editoriais você faz das redes?
> [4] Que resultados e efeitos você percebe nesses usos?
> [5] Os efeitos e resultados se comparam aos tempos de edição antes das redes?
> [6] Conte algun(s) caso(s) bem evidente pra você que jamais teria acontecido sem redes sociais digitais (caso de edição, autoria, vendas, etc.)
> [7] Como é seu fluxo editorial hoje? (autor: escrita, envio, contatos, divulgação, etc.) (editor: recebimento de originais, contatos, vendas, etc.)

Todos os editores e autores contatados responderam às questões, a maioria preferindo que as respostas fossem entregues por e-mail. De posse desses textos, passamos à organização do mate-

[4] Em ordem alfabética: Carlos Fialho (editor e autor, editora Jovens Escribas, Rio Grande do Norte), Carlos Henrique Schroeder (editor e autor, e-Galáxia, Formas breves, Santa Catarina), Eduardo Lacerda (escritor e editor, editora Patuá, São Paulo), Líria Porto (escritora, Araxá, Minas Gerais), Mário Alex Rosa (editor, escritor, artista plástico, Belo Horizonte, MG), Micheliny Verunsschk (escritora, Olinda, PE), Rafael F. Carvalho (escritor, São Paulo), Ricardo Aleixo (escritor, performer, editor, Belo Horizonte), Sérgio Fantini (escritor, Belo Horizonte).

rial, no sentido de mostrar como esses "atores sociais do livro" têm entendido e empregado as "redes sociais" na Internet para a consecução de seu trabalho, geralmente ligado à publicação de obras literárias. Certamente, é a movimentação deles que vem movendo, também, o mecanismo de renovação da literatura nacional.

Discussão

Dos nove "atores sociais do livro" entrevistados, ao menos cinco são reconhecidos como editores, tanto de seus próprios trabalhos quanto de outros. Carlos Henrique Schroeder, de Santa Catarina, Carlos Fialho, do Rio Grande do Norte, Mário Alex Rosa e Ricardo Aleixo, de Minas Gerais e Eduardo Larcerda, de São Paulo, são empreendedores conhecidos por sua atuação na edição de obras e eventos recentes. Todos são, também, escritores atuantes, de prosa ou verso.

Os demais entrevistados são as poetisas Micheliny Verunschk, de Pernambuco, e Líria Porto, de Minas Gerais, além do contista Rafael F. Carvalho, de São Paulo, e do romancista, contista e poeta mineiro Sérgio Fantini.

Redes sociais: quando e quais?

Todos os entrevistados têm uma história de atuação com tecnologias e redes sociais. A primeira questão apenas perguntava sobre quais "redes" eles usavam e desde quando, o que só podia obter respostas muito recentes. Para o caso, o Orkut foi muito citado entre os autores e editores (4), sendo que também seu abandono ou substituição é comum, como afirmam, por exemplo, Carlos Schroeder e Carlos Fialho:

> "Eu entrei no Orkut logo no princípio, mas quando fui para o Facebook deletei minha conta". (Schroeder)

> "Orkut, 2005. Encontra-se abandonado desde 2010, acho." (Fialho)

Ou Rafael Carvalho:

> "Entrei em 2004, no Orkut, mas tive um pequeno hiato, de um ano e meio, dois. Aí voltei em 2007. Em 2010, acho, que comecei a usar o Facebook. Encerrei o Orkut e só uso o Facebook, nada mais".

Os usos do Facebook e do Twitter são prolíficos entre os editores e autores. Carlos Schroeder, por exemplo, afirma, em relação a usos e preferências:

> "Uso o twitter há pelo menos cinco anos, é meu xodó, pela rapidez e objetividade, mas ando usando mais o Facebook ultimamente, por causa da caixa de mensagens, que se tornou minha caixa oficial de mensagens."

Sérgio Fantini assim define sua entrada nas redes:

> "Entrei no FB em 2011, em princípio apenas para acompanhar as postagens de Bráulio Tavares, que enviava e ainda envia pacotes de seus textos por e-mail. Entrei sem saber nada. Sempre tive, cronologicamente, resistência a computador, internet, e-mail, Orkut, baixar coisas... Por ora, cheguei ao FB, mas não devo ir muito além disso."[5]

Embora não se atribua um perfil de usuário convicto dessas tecnologias, o escritor parece reconhecer nelas um potencial importante de troca e interação, motivo pelo qual ele adere à mediação pelo computador. Já os casos de Micheliny Verunschk, Mário Alex Rosa e Carlos Fialho são de adesão recente, embora a menção aos blogs nos remeta a outras formas de contato e interação via rede:

---

[5] Desde o início de 2018, Sérgio Fantini optou por sair do Facebook.

> "Nunca usei Orkut. Entrei no Twitter e no Facebook em 2011. Já os blogs, uso desde 2004." (Micheliny V.)
>
> "Comecei em 2012 e, de todas, a que mais me interessou foi o Facebook." (Mário Alex Rosa)
>
> "Twitter, em maio de 2009. Facebook, em 2011. Instagram, em 2013." (Fialho)

Os blogs, estes sim, considerados como plataformas de exposição dos textos e diálogo com o leitor, parecem ser o espaço de fundação das relações entre estes "atores sociais do livro" e as "redes sociais", inclusive propiciando uma relação sustentada há mais de uma década, em alguns casos. Tanto a migração de umas redes para outras quanto a manutenção dos blogs ocorre nestes casos. Líria Porto e Ricardo Aleixo dão seus depoimentos:

> "No começo, eu escrevia no Word, perdi uma série de arquivos, então minha amiga, a escritora Roberta Silva, fez meu blogue, *tanto mar*, onde até hoje guardo tudo que escrevo (no momento, o blogue é fechado para o público, só eu entro lá para postar ou reescrever algum poema). A seguir, a Roberta criou para mim o Orkut, usado raramente, e, um tempo depois, insistiu para que eu participasse do Twitter (este eu não quis mesmo). Demorei a me interessar pelas redes sociais. Surgiu o Facebook e a Roberta me apresentou à novidade... Estou convencida de que é neste ambiente que a minha escrita mais se expande e é no Facebook que publico grande parte da minha produção literária." (Líria Porto)
>
> "Entrei em 2004, quando abri um blog (www.jaguadarte.zip.net) e, por muito pouco tempo, sem nem mesmo dizer que aprendi a fazer as coisas direito por lá, o Orkut." (Ricardo Aleixo)

Já a resposta de Eduardo Lacerda traça um histórico da web como espaço de interação e trocas, de diversas espécies, sendo interessante apontar que o editor da Patuá começa pelos chats, ferramenta de sucesso nos anos 1990:

> "Acredito que uma parte dessa geração com idade entre 30 e 40 anos foi a primeira a ter contato com a internet ou pelo menos com uma internet rudimentar, mas que se tornaria o que é hoje. E uma das primeiras redes sociais com que tive contato foram os *chats*. Não são exatamente redes sociais, mas através de *chats* tive as primeiras experiências de relações virtuais (amizades e também relacionamentos) e, ainda hoje, acredito que são ferramentas importantes também para o meu trabalho. Já conheci escritores e colaboradores através desse recurso. Após isso, antes mesmo do Orkut, o ICQ (*I seek you* - eu sigo você) permitia criar perfis públicos rudimentares, mas que expandiram a interação de grupos. Depois acabei, como quase todas as pessoas, utilizando o Orkut e, hoje em dia, principalmente o Facebook. Nunca achei o Twitter uma ferramenta tão interessante, não consigo estabelecer relações com tão poucas palavras. Como escritor, a primeira rede social que utilizei foi um site chamado Ponto de Vista, que permitia criar um pequeno perfil público, postar contos e poemas e comentar os textos de outros colaboradores."

Essas pecepções dos usos das redes sociais mediadas por computador podem ser melhor explicitadas nas respostas subsequentes.

Usos das redes para autor e editor

Os usos das redes pelos atores sociais, neste caso, dos livros, é que definem novos modos de atuação e difusão de suas escritas e materiais publicados. Usos para a divulgação e a escrita parecem estabelecidos nesses ambientes, que terminam por criar uma rede de autores, editores e leitores, desde que nos lembremos que essas atuações são cada vez menos distintas, dado que as tecnologias de edição (softwares, especialmente) podem chegar às mãos de todos.

O depoimento do editor Carlos Henrique Schroeder é emblemático, neste sentido. Ele afirma:

> "Como editor e produtor de eventos literários, as redes sociais são meu segundo escritório, é onde eu consigo acompanhar o que está acontecendo no mercado, contatar agentes, escritores, outros editores, onde consigo ver o que está acontecendo no mercado internacional. Eu moro numa pequena cidade em SC, e daqui eu acompanho o que editoras inglesas, chilenas e alemãs andam aprontando, e tudo pelas redes sociais. As redes sociais são minha conexão com o mundo. Hoje mesmo, fechei uma parceria com uma editora islandesa, através de mensagens no Facebook, e finalizamos o papo pelo Skype."

Algo semelhante ocorre a Sérgio Fantini, Carlos Fialho, Mário Alex Rosa, Rafael Carvalho e Ricardo Aleixo:

> "Numa proporção bem grande: consumo arte no FB, me informo do 'cenário', dialogo com todas as instâncias, divulgo minhas atividades (raramente textos literários) e meu blog..." (Fantini)

> "A Internet é a melhor amiga do pequeno editor e a principal mídia (porque permite custos mais em conta) para as editoras com baixo poder de investimento." (Fialho)

> "Divulgo atualizações do meu blogue pessoal (que acaba sendo promoções dos meus textos autorais), lançamentos, disponibilidade de livros na nossa loja virtual, ações da nossa editora. Enfim, o que for preciso." (Fialho)

> "Sem dúvida, as redes sociais mudaram e mudarão mais ainda as relações entre as pessoas, digamos 'comuns' e as

pessoas do meio literário. Tanto como editor e autor vêm sofrendo mudanças para o bem e para o mal, pois recebemos mais originais via on-line, afinal nossos endereços estão disponíveis nesse mundo virtual. Sou da época de cartas, ansiedade para receber um comentário de um poema enviado numa carta ou mesmo um livro. Hoje você manda um poema ou mesmo manda o livro em pdf e aí um amigo já responde rapidamente que recebeu e que vai ler. Depois disso, muitos hiatos. Por outro lado, um poema pode circular mais rápido, mais pessoas lendo. Vejo com bons olhos essas mudanças, ainda que sobre menos tempo. Mas o que é o tempo? 24 horas." (Mário Alex Rosa)

"É o meio de divulgação disponível para pequenos autores. Eu, por exemplo, não tenho recursos para colocar em outros lugares – livrarias, etc. – mas nem me incomodo, as livrarias não se interessam por autores iniciantes." (Rafael Carvalho)

"80% da minha atuação nas redes sociais tem como objetivo a divulgação, a comercialização e o debate sobre o que faço." (Ricardo Aleixo)

As redes sociais são empregadas para potenciar ações de autoria e divulgação que seriam impossíveis ou mais difíceis sem essas tecnologias. Isso faz com que os próprios autores se coloquem como agentes de seus textos e livros, muito embora alguns demonstrem resistência em publicar inéditos no Facebook, por exemplo.

A informação chega mais rápido, assim como os retornos sobre textos publicados. Uma grande conversação ocorre e os contatos podem ser feitos, independentemente de onde as pessoas residem, como afirmou Schroeder, na confirmação de um apontamento importante de Castells (2007). As redes sociais são, ainda, residenciais e geográficas, mas são tanto mais ainda virtuais, descolando, em alguma medida, as pessoas de seus locais de morada. A circulação dos textos e a conversação terminam por resolver uma parte do que, antes, teria de ser feito presencialmente. É o que aponta, também, a poetisa pernambucana Micheliny Verunschk:

> "Uso da forma mais prática possível, mesmo porque alguns contatos estão muito distantes. Nesse sentido, melhorou muito, pois podemos resolver em minutos certos problemas editoriais. Mas sinto falta do encontro. Veja bem, não quero ser saudosista e não sou, apenas gostaria de ver e ouvir mais as pessoas."

> "Escrevo quase que diariamente no Facebook. Quando digo escrevo trata-se de poemas em séries, pequenas narrativas etc. Mantenho contato com outros autores, muitos deles jovens e inéditos em livro. Divulgo meu trabalho e o trabalho de amigos."

Em relação à publicação direta de textos inéditos em plataformas de redes sociais, os autores divergem um pouco. Fantini já havia declarado evitar a postagem de seus textos. O mesmo pensa Carlos Henrique Schroeder, em relação aos próprios textos, mas explica, em relação à sua atuação como editor:

> "Para escrever, fico longe das redes sociais, pois concentração é imprescindível. Mas para editar, uso muito a rede, troco informações com os autores, aprovo material, e já mando mais mensagens pelo Facebook do que e-mails. Sei que logo o Twitter e o Facebook devem acabar, é só uma onda, mas surgirão outras redes sociais, mais completas ainda. Eu e o Tiago Ferro tocamos uma coleção de literatura inteiramente pelo Facebook, conversamos diversas vezes por dia pela caixa de mensagem, só por mensagem. Recebo originais também pelo Facebook."

A poetisa mineira Líria Porto emprega os espaços virtuais como cadernos, só que procurando um diálogo muito mais intenso. Segundo ela:

> "escrevo todos os dias, posto todos os dias no blogue e no Facebook - leio muita gente também."

Mas, a faceta da divulgação nunca está esquecida, segundo continua Líria:

> "A possibilidade de interação, de troca, de visibilidade. Mas é tudo muito rápido, precisa ter um ritmo constante."

Dão reforço a essas ideias os seguintes depoimentos:

> "Uso Facebook ora como rascunho da minha produção e, desse modo, também como ferramenta de difusão." (Mário Alex Rosa)

> "Divulgo meus contos nas redes, mas nem sempre. Acho que cansa para as pessoas, tem autor que coloca textos diariamente. Parece que somos obrigados a ler, satura muito rápido." (Rafael Carvalho)

> "Uma larga faixa do que posto, em termos de material inédito, é pensada e produzida diretamente na caixa de texto do Facebook. São textos que não existiriam de outra forma, mas que acabam sendo reaproveitados em outros suportes: transformam-se em canções, videopoemas ou são posteriormente publicados em mídia impressa. Também republico com frequência coisas que já soltei em livro, em publicações diversas ou nos meus blogs." (Ricardo Aleixo)

Parece importante mencionar, conforme mostram esses depoimentos, que os papéis de autor, editor e divulgador são exercidos por todos os entrevistados (e por muitos outros no planeta), em momentos e condições diversos, distintos por eles mesmos, que terminam por compreender e perceber uma espécie de melhor gestão do uso das redes sociais para a edição.

Para Eduardo Lacerda, no entanto, a rede foi ponto de partida para uma intensa produção "real", de livros impressos, e alimenta fortemente as atividades da editora Patuá:

> "A própria existência e relativo sucesso da proposta da Patuá dependem do bom uso dessas ferramentas. Acredito que seria impossível a nossa atividade se não fosse a existência do Facebook. Seriam impossíveis a recepção, a avaliação, a divulgação e as vendas de tantos livros, como temos feito."

Um emaranhado de relações e redes parece ter sido formado, sendo o editor um elo forte entre pessoas e seus trabalhos. Sem as redes, reais e virtuais, grande parte da energia vital da Patuá (e de muitos outros projetos, acredito) estaria comprometida.

Comparação antes das redes

É certo que todos os autores e editores aqui mencionados têm prolíficas redes sociais, dentro e fora da Internet. É dessa forma que a literatura se faz e se mantém, no mínimo porque um autor e um editor precisam interagir com leitores.

Na comparação entre tempos atuais, de redes virtuais, e tempos idos, os depoimentos apontam a rapidez e a capilaridade como elementos interessantes dos meios atuais. Os depoimentos de Mário Alex Rosa, Micheliny Verunschk e Rafael Carvalho tocam nesses aspectos:

> "Antes você recebia via correio, ainda acontece com os melhores editores. Mas o mundo virtual certamente diminuiu o tempo de espera. Com o tempo poderemos avaliar melhor essas mudanças, mas é bem provável que o futuro do livro será outro que não esse que conhecemos." (Mário Alex Rosa)

> "Não saberia avaliar ao certo, mas creio que os efeitos em rede são ampliados pela própria velocidade do sistema. Mas acredito também que tudo se esvai muito rápido para o leitor. Não é uma afirmação categórica. É uma impressão." (Micheliny V.)

> "Hoje, a difusão, o alcance das redes, é muito grande, você atinge bastante gente." (Rafael Carvalho)

Eduardo Lacerda menciona questões tecnológicas que, na opinião dele, são determinantes para editoras pequenas, nos dias de hoje:

> "Iniciei o trabalho de edição com livros após a popularização das modernas redes sociais (tive experiências anteriores com a edição de uma revista literária, mas com circulação quase que exclusivamente dentro da Universidade de São Paulo). Acho que dois movimentos permitiram esses resultados: o primeiro é a possibilidade da impressão sob demanda, que não existia há menos de 10 anos; o segundo, a criação das modernas redes (especialmente Orkut, Facebook e Twitter). São fatos confluentes na área editorial, para as editoras pequenas e independentes, e que permitiram a criação de centenas de novas editoras em todo o país. Não haveria nenhum resultado para a Patuá, que não existiria, se não fossem esses dois fatores tecnológicos."

> "Como a maior parte dos autores chegaram através de divulgação em redes sociais, nossa divulgação é realizada através delas, assim como as vendas, que utilizam apenas nosso site (que as pessoas acabam conhecendo através das redes). Acredito, como disse, que devemos muito à existência delas."

Enquanto outros atores demonstram ainda mais dúvida quanto aos efeitos das redes sociais na Internet:

> "O FB é incomparavelmente mais interessante nessa área como também na social e 'de lazer'. É quase uma revolução para mim - ainda em andamento, *sub judice*, sujeita a reavaliações futuras." (Fantini)

> "Já entrei no mercado quando existia Internet. Mas acredito que os resultados são muito melhores porque dispomos de mais canais de comunicação para atrair leitores." (Fialho)

> "Para o autor desconhecido, a rede social tem peso. Há muitas revistas digitais, muitos sites de boa qualidade literária – acaba sendo reconhecido por editores desses espaços virtuais e sua obra é divulgada." (Líria Porto)

Fluxo editorial atual

No início deste trabalho, mencionamos os fluxos editoriais analógicos, em que um original passava por uma série de tratamentos até alcançar a divulgação. Na atualidade e com o uso das redes sociais na Internet, a percepção desses fluxos parece ter se alterado um pouco, como narram os entrevistados.

No caso dos editores, e mesmo de autores, alguns depoimentos apontam questões de recepção de originais, divulgação necessariamente pelas redes sociais e mesmo um trâmite completamente ligado a tecnologias como e-mails e caixas de mensagens.

> "Recebo os originais, faço um orçamento envolvendo todos os profissionais, digramamos o livro e fazemos a arte de capa, revisamos gramaticalmente, aprovamos o resultado com o autor, mandamos pra gráfica, marcamos o lançamento e começamos a divulgar através de e-mail marketing, assessoria de imprensa e campanhas em redes sociais." (Fialho)

> "Assinei contrato com a editora Lê e os livros estão prestes a sair (é uma editora de alcance nacional, creio que

muita coisa pode acontecer) e estou em adiantadas conversações com a Patuá." (Líria Porto)

"Meu trabalho editorial envolve muito mais do que a edição do texto. Sou responsável por tudo dentro da editora e gosto disso. Recebo os originais, uma média de 100 a 150 por mês, respondo todos os e-mails, realizo as leituras (de quase todos os livros que chegam, pelo menos das primeiras páginas), atualizo o site, realizo a divulgação, embalo os livros vendidos, organizo os lançamentos, edito, reviso, tiro ISBN, pago as contas (vou a quatro bancos por dia), vou aos Correios, confiro se os livros foram entregues, formato contratos com os autores, envio livros para jornalistas, emito notas fiscais, faço tudo o que for necessário para a editora. Muitas dessas funções realizo pelo Facebook, como a divulgação (realizada quase que exclusivamente por esse canal)." (Eduardo Lacerda)

No caso dos escritores e de escritores que tomam para si a tarefa de editores, para autopublicação, alguns depoimentos dão a ideia de que nem tudo esteja resolvido pela existência da Internet. A despeito de um discurso que julga as redes sociais muito ágeis e de vasto escopo, não é isso que pensa, por exemplo, o escritor Sérgio Fantini, que questiona a efetividade da rede como formadora de leitores e de público para os eventos nela divulgados, todo o tempo:

"Em relação ao FB, o que pode ter mudado é a frustração de acreditar que a rede seria muito mais eficiente para divulgar atividades. Esse resultado pífio talvez se deva ao fato de que centenas de outras pessoas também estejam fazendo o mesmo e com isso há uma oferta excessiva e até mesmo uma rejeição do receptor por ter tanta oferta."

Ricardo Aleixo, por sua vez, trata cada livro como um objeto distinto, inclusive do ponto de vista dos fluxos editoriais, especialmente quando é seu próprio editor. Enquanto Mário Alex Rosa apresenta uma visão quase desvinculada dos processos digitais, mencionando apenas a importância das vendas pelo site ou do comércio eletrônico para uma livraria física (o que não é pouco, diga-se).

> "Na verdade, publico menos do que gostaria. Não tenho um fluxo editorial definido – quando sou meu próprio editor, faço as coisas de modo muito diferente do que quando publico por uma editora. Arrisco-me a dizer que cada livro instaura um processo diferente." (Ricardo Aleixo)

> "Uma das coisas que prefiro evitar é o contato com o autor. Na Scriptum, os autores deixam lá as cópias e os responsáveis repassam para os editores. Pedimos um prazo de 3 meses, mas pode variar para mais ou menos, pois todos os editores têm outros trabalhos. As vendas melhoraram muito com o site, ainda que recente. Procuramos cuidar o máximo dos nossos autores, ainda que sejamos uma editora pequenininha e com poucos recursos financeiros. Uma das alegrias é ver alguns escritores que começaram na Scriptum e que estão voando alto. A leitura continua sendo o maior prazer, melhor ainda quando nos tornamos amigos. Felizmente isso tem acontecido. É o bem da vida." (Mário Alex Rosa)

Alguns casos

Os casos de processos de edição sobre os quais a intervenção das tecnologias digitais é evidente são lembrados por esses editores e autores, especialmente como potenciação do alcance e dos contatos sociais. Para alguns, especialmente escritores sem atuação como editores, a venda pela Internet é aspecto suficientemente relevante, como mencionou Rafael Carvalho. Para outros, como Ricardo Aleixo, no depoimento a seguir, o contato com o leitor é uma expansão que marca a carreira do artista:

"Não tenho propriamente um caso para contar. Em 2004, com a inclusão do livro *A roda do mundo* (meu e de Edimilson de Almeida Pereira) no vestibular da UFMG, era bastante intenso o contato dos estudantes comigo. Muitos queriam que eu explicasse os poemas, outros só queriam falar do que gostaram, havendo também os que maldiziam o livro, por não conseguirem entendê-lo. Foi muito bom viver aquele momento único – novo tanto para mim quanto para os leitores."

Eduardo Lacerda, editor da Patuá, cuja trajetória é fortemente marcada por questões ligadas à web, reforça a menção à caça e à descoberta de autores, o que potenciou, certamente, seu status de editor disputado, nos dias de hoje:

"Quase todos os escritores que já publiquei (e já são mais de 200)[6] conheci – direta ou indiretamente – através da internet / redes sociais. No início da Patuá, apesar de ter dezenas de amigos escritores e ter editado um jornal chamado *O Casulo* (premiado pela Prefeitura de São Paulo e que chegou a ter tiragem de 30 mil exemplares), poucos confiavam que o projeto da editora fosse consistente. Tivemos de ir atrás de escritores desconhecidos na internet. Em 2010, ano de criação da editora (efetiva e afetivamente, consideramos fevereiro de 2011 como o ano de criação da editora, pois foi quando publicamos nosso primeiro título, mas o trabalho de criação da editora começou mais de dois anos antes), fui contratado para trabalhar no *stand* da Volkswagen, na Bienal do Livro de São Paulo. Meu trabalho consistia em tuitar tudo o que estivesse ocorrendo na feira, no *stan*d da Volks e no da Secretaria de Estado da Cultura (trabalhava no Programa São Paulo: um Estado de leitores e, entre minhas funções, desenvolvia projetos

---

[6] Esse número cresce exponencialmente. Embora seja uma editora de pequeno porte, a Patuá tem, em 2018, um catálogo de mais de 400 títulos.

de estímulo à literatura, além da produção de eventos culturais). Aproveitei os dias que passaria na internet para tuitar sobre a criação, a proposta e os objetivos da editora e para procurar escritores em outras redes sociais (ainda utilizava apenas o Orkut e não tinha perfil no Facebook). Recorri também a um site chamado Recanto das Letras. Lá eu conheci a Juliana Bernardo, primeira autora publicada pela Patuá e também o escritor Willian Delarte, que seria o quinto ou sexto autor publicado. Hoje recebo em torno de 100 a 150 originais por mês, não é mais necessário que eu procure autores para publicação, já que eles têm nos procurado. O que acontece, atualmente, é que acompanho pelo Facebook as postagens de textos de alguns escritores e, se acho consistente, acabo convidando para publicação. Penso que, de alguma forma, todos os processos editoriais dependem um pouco das redes sociais, desde a seleção de autores, já que, muitas vezes, acompanho a produção imediata ou a recepção imediata por parte dos leitores, e isso influencia nessa seleção dos autores e originais para publicação, até a percepção de quais projetos são aceitos com mais facilidade ou maior intensidade, assim como a divulgação depende quase que exclusivamente da existência delas, as redes sociais (especialmente o Facebook)."

Líria Porto e Micheliny Verunschk, também autoras sem atuação de editoras, apontam a "escrita aberta", isto é, a prática da escrita on-line, diante dos olhos do leitor, inclusive contando com sua intervenção, caso da poetisa pernambucana; e os contatos com editores que buscam autores pela rede, caso de Líria:

"A publicação do meu primeiro livro, *Borboleta Desfolhada*, só foi possível porque o editor conheceu meu blogue e pediu autorização para escolher e publicar meus poemas em Portugal. E foi pelo Facebook que conheci a Silvana de Menezes, excelente ilustradora da editora Lê (ela é escritora também, Prêmio Jabuti 2008 de melhor livro infantojuvenil) que manifestou a vontade de ilustrar meus livros *Garimpo* (juvenil) e *Asa de Passarinho* (infantil), que estarão publicados ainda neste primeiro semestre. O livro *Olho nu* (adulto), a ser publicado pela Patuá, possivelmente até o final do ano, viabilizou-se também por intermédio da rede. Isso sem falar nas inúmeras participações nos espaços virtuais."

Já os casos lembrados por editores têm forte apelo em direção às vendas de obras que teriam dificuldades de serem conhecidas do grande público. As redes sociais teriam auxiliado na atração do público, caso de Carlos Henrique Schroeder e Carlos Fialho:

"Criamos (com a E-galáxia) uma coleção de contos chamada Formas breves, que publica um conto por semana, a R$ 1,99, e qualquer pessoa com acesso à internet pode comprar, nas principais lojas digitais do planeta, como Amazon, Apple Store, Google Play, Saraiva, Cultura e Iba. E nossa única divulgação é pelas redes sociais, principalmente pelo Facebook e Twitter, e a coleção estourou (várias contos entre os mais vendidos de diversas lojas virtuais) graças ao barulho que nós e, também os autores, fazemos nas redes sociais." (Schroeder)

"Em 2006, pedi para 40 diretores de arte, ilustradores e artistas amigos fazerem criações sobre o meu livro *É Tudo Mentira!*. Durante 40 dias, enviei e-mails para uma lista de destinatários com a arte do dia. A coisa viralizou de tal forma que vendemos quase 200 exemplares no lançamento. Em 2009, já com redes sociais bombando, fizemos o mesmo com frases de humor. O livro *Mano Celo* vendeu 385 na noite de lançamento, recorde da editora até hoje." (Fialho)

Mas é Mário Alex Rosa, escritor, editor e artista plástico, que narra o caso que mais aproxima redes sociais on e off-line, tratando do caso da poetisa mineira Ana Martins Marques, atualmente autora da editora Companhia das Letras:

> O caso mais recente, sem dúvida, é o livro *A vida submarina* da poeta Ana Martins, que ajudei a publicar, editar e divulgar. Não conhecia a Ana, nunca tinha ouvido falar dela, li os originais e gostei muito. Na Scriptum, procuramos convidar críticos de outros estados para escrever os textos de apresentação e isso tem ajudado também na divulgação dos nossos livros. Lembro que o crítico e professor da USP Murilo Marcondes fez a orelha do livro da Ana, o que certamente contribuiu bastante. Alinhamos duas qualidades: a poeta e o crítico. (Mário Alex Rosa)

Considerações finais

O mapa – sempre instável – dos movimentos das redes de edição atuais deve muito aos espaços criados por chats, blogs, redes e microrredes, além de e-mails, que são para comunicação privada (descontando-se as listas!). A instabilidade, aqui, no entanto, não tem conotação ruim. Trata-se mesmo do mecanismo da produção e da edição da literatura, que se move – desde sempre – de acordo com outros movimentos sociais, históricos e tencnológicos.

Editores e autores, especialmente os aqui entrevistados, têm consciência dos fluxos em que estão inseridos e de que são, também, protagonistas; sabem que podem empregar novos espaços digitais para potenciar suas produções, do ponto de vista da criação e da difusão; atribuem-se papéis mesclados, o que está bastante distante da visão segundo a qual haveria uma divisão do trabalho que separaria autores e editores, ao menos neste estrato de produção literária ainda em processo de consagração. Estes personagens ou "atores sociais do livro" já não se sentam de lados opostos da mesa, quando em negociação. Trabalham juntos, em grande parte, remotamente. E assim vão-se tecendo os fios das redes de edição do século XXI.

Referências

ARAÚJO, Diná M. P. Arduíno Bolivar Colección: reflexiones sobre una biblioteca particular. In: CONGRESO INTERNACIONAL LAS EDADES DEL LIBRO, 2012, Cidade do México. *Memorias del Congreso Internacional "Las Edades del Libro"*. México: Coordinación de Humanidades; IIB-BN/Hn; Fondo de Cultura Económica, 2012. v. 1. p. 620-6.

ARAÚJO, Pablo Guimarães de. *Uma tecnologia na mão e uma ideia na cabeça*: pequenas editoras, autores independentes e as novas possibilidades de publicação de livros. Dissertação (Mestrado em Estudos de Linguagens), Centro Federal de Educação Tecnológica de Minas Gerais, 2013.

BAHLOUL, Joëlle. *Lecturas precarias*. Estudio sociológico sobre los "poco lectores". Trad. ao espanhol Roberto Cue. Cidade do México: Fondo de Cultura Económica, 2002.

BAYARD, Pierre. *Como falar dos livros que não lemos?* Trad. Rejane Janowitzer. Rio de Janeiro: Objetiva, 2007.

CASTELLS, Manuel. *A sociedade em rede*. Roneide Venancio Majer. São Paulo: Paz e Terra, 2007.

CASTELLS, Manuel. *A galáxia Internet*. Reflexões sobre Internet, negócios e sociedade. Trad. ao português europeu de Rita Espanha. Lisboa: Fundação Calouste Gulbenkian, 2007a.

MARTINS, Jorge. *Profissões do livro*. Editores e gráficos, críticos e livreiros. Lisboa: Verbo, 2005.

RECUERO, Raquel. *A conversação em rede*. Comunicação mediada pelo computador e redes sociais na Internet. Porto Alegre: Sulina, 2012.

RECUERO, Raquel. *Redes sociais na Internet*. Porto Alegre: Sulina, 2009.

RIBEIRO, Ana Elisa. "No Brasil, só se entende escrever em jornal" - Clarice Lispector, Fernando Sabino e redes de edição no século XX. In: 9O ENCONTRO NACIONAL DE HISTÓRIA DA MÍDIA, 2013, Ouro Preto. *Anais do 9o Encontro Nacional de História da Mídia*. Ouro Preto: UFOP Alcar, 2013.

RIBEIRO, Ana Elisa. "Não tem que ser bom editor, tem que ser rápido": redes de edição de Clarice Lispector em meados do séc. XX. In: XXXVI CONGRESSO BRASILEIRO DE CIÊNCIAS DA COMUNICAÇÃO, 2013, Manaus. *Anais do XXXVI Congresso Brasileiro de Ciências da Comunicação.* Manaus: Intercom, 2013.

NOTA

À exceção do terceiro capítulo, "Autor, editor e livro literário: cenas contemporâneas das tecnologias do livro", que permaneceu inédito, embora tenha sido produzido para apresentação no simpósio "Literatura contemporânea: além do livro" durante o 56º Congreso Internacional de Americanistas, em Salamanca, Espanha, em julho de 2018, versões dos demais textos que compõem este volume foram anteriormente publicados conforme se indica a seguir:

"Ler na tela: o que é, hoje, um livro?" foi primeiro uma conferência proferida no Jogo do Livro, evento que acontece na Faculdade de Educação da UFMG, e, posteriormente, ganhou forma como capítulo da obra *Livros & telas*, organizada por Aracy Alves Martins, Maria Zélia Versiani Machado, Graça Paulino e Celia Abicalil Belmiro, publicada pela Editora da UFMG em 2011.

O capítulo "O que é e o que não é um livro: materialidades e processos editoriais" foi primeiramente uma apresentação no simpósio sobre "Escritas Profissionais e Processos de Edição" que eu e Luciana Salazar Salgado coordenamos durante o VI Simpósio Internacional de Estudos dos Gêneros Textuais (SIGET), em Natal, em 2011. Mais adiante, o texto ganhou a forma de artigo para a revista *Fórum Linguístico*, v. 9, 2012.

"Questões provisórias sobre literatura e tecnologia: um diálogo com Roger Chartier" foi publicado em dossiê da revista *Estudos de Literatura Brasileira Contemporânea*, n. 47, 2016. No mesmo ano, "Literatura contemporânea brasileira, prêmios literários e livros digitais: um panorama em movimento" foi publicado pela revista *Em Tese*, v. 22, n. 3. A mesma revista publicara, em seu volume 20 de 2015, o texto "Redes de edição e redes sociais: cruzamentos e questões", que antes fora uma comunicação no grupo de "Linguagem e Tecnologia" de que fiz parte no encontro da Associação Nacional de Pós-Graduação e Pesquisa em Letras e Linguística, ANPOLL.

Finalmente, "O bibliógrafo digital: questões sobre a materialidade do livro no século XXI" é resultado de minha participação em mesa-redonda do III Seminário Internacional "A arte da bibliografia: as faces culturais do gesto bibliográfico", em dezembro de 2016, posteriormente na forma de artigo publicado pela revista *Perspectivas em Ciência da Informação*, v. 22, 2017.

Alguns dos textos sofreram pequenas modificações, a fim de se tornarem os capítulos que aqui figuram juntos e com outro modo de circulação.

Este livro livro foi composto em tipologia Adobe Garamond
e impresso em papel Pólen Soft,
em maio de 2019.